la Chevalerie

GEORGES DUBY
de l'Académie française

la Chevalerie

DESSINS D'OLIVIER-MARC NADEL

Perrin

Responsable d'édition
et iconographie :

ARLETTE MOREAU

Maquette et mise en pages :

GÉRARD GAGNEPAIN

Carte :

PATRICK MÉRIENNE

Fabrication :

DENIS LANSON, NATHALIE MÉNARD

Librairie Académique Perrin, 1993
Dépôt légal : octobre 1993
ISBN : 2-262-00978-3
Composition : Eurocomposition
Imprimé en Espagne par Graficas Estella

Aux jeunes lecteurs

Je t'emmène. Nous partons à l'aventure. Un peu comme ces explorateurs qui, en Nouvelle-Guinée ou en Amazonie, essayent d'entrer en contact avec des tribus encore inconnues. Ce que nous cherchons, nous aussi, ce sont des hommes, les chevaliers. Nous voulons savoir comment ils ont vécu, ce qu'ils pensaient, et ce n'est pas facile.

En effet, nous devons nous enfoncer, non pas dans des forêts impénétrables comme les explorateurs, mais à travers les siècles. La chevalerie est apparue il y a environ mille ans. Un peu plus tard, entre 1160 et 1220, sous le règne du roi Philippe Auguste, dans la moitié Nord de la France, le pays où elle s'est formée, elle se montre en pleine vigueur, dans la verdeur de son adolescence, comme toi pas encore durcie. C'est là, à cette époque et dans ce pays, que nous allons nous installer pour l'observer, recueillant toutes les traces que les chevaliers ont laissées de leur passage, nous appliquant à les suivre à la piste.

L'idéal serait d'approcher l'un d'eux et de le faire parler. C'est ainsi que les explorateurs parviennent à connaître le genre de vie d'une tribu, en apprivoisant l'un de ses membres, en l'interrogeant. Evidemment, nous ne pourrons jamais rencontrer un chevalier, être reçu dans sa maison, partager son repas, lui poser des questions. Pourtant, sur l'explorateur nous profitons d'un avantage : à la différence des « sauvages » qu'il étudie, les gens du XIIe siècle n'ignoraient pas l'écriture. Il reste de ce temps-là des écrits, quelques parchemins conservés dans les archives, des récits, des histoires, vraies ou inventées. L'une d'elles, justement, permet d'approcher d'assez près un chevalier. Ce sera notre principal témoin.

Il s'appelait Arnoul. Fils du comte de Guînes, il était seigneur d'Ardres, un château situé dans le département actuel du Pas-de-Calais. Lambert, un prêtre qui célébrait la messe dans ce château, entreprit entre 1194 et 1203 de raconter les exploits des ancêtres d'Arnoul, son patron. Au cours du récit, il raconte aussi les aventures d'Arnoul, à qui il offrit son livre. Arnoul en est le vrai héros. Ses faits et gestes apparaissent dans une lumière assez vive. Je t'invite donc à regarder vivre cet homme.

Toutefois, l'histoire qu'écrit Lambert est courte. Elle n'en dit pas assez. Je dois me renseigner ailleurs, compléter ce que je sais d'Arnoul en utilisant le témoignage d'autres récits, celui, par exemple, de l'*Histoire de Guillaume le Maréchal*, un homme qui fut salué de son temps comme le meilleur chevalier du monde, en examinant aussi des images qui furent sculptées ou peintes à cette époque, ainsi que ces objets, souvent très humbles, des débris d'armes ou d'outils, que les archéologues mettent au jour en fouillant la terre. J'arrive de cette façon à préciser un peu le profil d'un chevalier. Mais sans espoir de découvrir tout ce que j'aimerais connaître. Je te préviens : l'historien de ces époques lointaines avance à l'aveuglette, et certaines de nos interrogations resteront toujours sans réponse.

Georges DUBY
de l'Académie française

Les enfances

du chevalier

NAISSANCE

Le château

Dès le départ, nous butons sur une incertitude : je ne sais pas exactement en quelle année naquit Arnoul et je ne suis pas sûr qu'Arnoul lui-même à la fin de sa vie eût été capable de le dire. A cette époque, la date de naissance comptait moins qu'aujourd'hui. Dans son récit, Lambert ne l'a pas notée. En revanche, il indique celle d'un événement beaucoup plus important dans l'existence d'un chevalier, la cérémonie qui, à la fin des « enfances » (c'est par ce mot que l'on désignait au XIIIe siècle les longues années durant lesquelles le guerrier poursuivait sa formation), faisait entrer cet apprenti dans le groupe des adultes, des hommes véritables, dans la chevalerie, c'est-à-dire dans la vraie vie. Le

Dans la grande salle de son château, le seigneur reçoit à sa table d'autres chevaliers. Il se doit de traiter ses hôtes avec générosité. Les viandes, rôties ou grillées, sont servies en abondance; le vin coule à flots. Pour divertir les convives, un troubadour chante les exploits d'un chevalier de légende, Roland ou Lancelot. Dans la cour du château fort, hommes et animaux se mêlent en un joyeux désordre. Mais cela ne fait pas oublier la nécessaire vigilance. Du sommet du donjon, des gardes, prêts à donner l'alarme, surveillent la campagne environnante.

Sur cette photographie aérienne prise au Puiset, en Eure-et-Loir, on distingue nettement la motte sur laquelle se dressait le donjon du château. On voit aussi les traces des fossés.

Une reconstitution d'un château du XIIe siècle. On est loin des imposantes constructions de pierre de la fin du Moyen Age!

nouveau chevalier avait généralement une vingtaine d'années. Je me fonde sur cette date, celle de la remise solennelle des armes, 1181, pour dire qu'Arnoul est né aux alentours de 1160.

Le donjon

Il naquit dans le château d'Ardres, dont son père était le maître. Je voudrais d'abord que tu voies clairement ce qu'étaient, à ce moment, en France, les châteaux. Ne les imagine surtout pas comme ceux que l'on visite sur les bords de la Loire, imposants comme le château de Pierrefonds ou le château de Tarascon, ou bien comme ceux, tout hérissés de tourelles, que les peintres ont représentés deux cent cinquante ans plus tard sur les pages des *Très Riches Heures du duc de Berri*, encore moins comme les architectures abracadabrantes qu'on t'a peut-être montrées à Disneyland. C'étaient des constructions très modestes, en terre et en bois. Durant la guerre, le château servait de repaire aux chevaliers qui s'y retranchaient pour faire front devant l'adversaire. Sa force essentielle consistait donc dans l'obstacle dressé contre un assaut de cavaliers. Il s'agissait souvent d'un accident de terrain, les bras d'un cours d'eau, un espace marécageux (comme celui qui entourait le château d'Ardres), un escarpement, un éperon rocheux. Des terrassements venaient renforcer cette défense naturelle. Précédé d'une palissade de pieux, un fossé, que l'on franchissait par un pont-levis, entourait une première aire de refuge qu'on appelait la cour. A l'intérieur, on avait élevé une petite butte, la « motte » (on la voit très bien aujourd'hui à Ardres), en creusant un second fossé circulaire et en jetant la terre au centre du cercle. Le donjon se tenait au sommet de la motte. C'était une tour carrée, étroite : sa surface intérieure dépassait rarement vingt mètres carrés. Il ne faut donc pas s'étonner quand on apprend par une chronique qu'un château fut construit en trois, quatre jours : il

On peut admirer à Bayeux une broderie dite « tapisserie de la reine Mathilde ». Elle raconte, à la manière d'une bande dessinée d'aujourd'hui, la conquête de l'Angleterre par Guillaume, duc de Normandie, en 1066.

suffisait d'une équipe de trois ou quatre cents paysans vigoureux, armés de pelles et de haches. Le château était aussi très fragile : pris, il était aussitôt détruit par le feu. Le paysage était ainsi parsemé de monticules marquant l'emplacement de telle ou telle de ces fortifications très sommaires qui n'avaient pas survécu à d'anciennes guerres. Aussi, les seigneurs les plus riches cherchaient-ils à bâtir en dur, remplaçant le bois par la pierre. Mais, en 1160, il y avait encore très peu de tours de pierre dans le nord de l'Europe.

La plupart des donjons étaient des bâtiments de trois étages : au rez-de-chaussée, un réduit obscur pour garder les provisions ou les prisonniers; au sommet un poste de guet; entre les deux, la pièce principale où l'on entrait par une échelle mobile et une petite porte, d'ordinaire la seule ouverture. Ce lieu était le plus sûr du château, et le seigneur enfermait là son trésor. Une nuit, raconte l'histoire des seigneurs d'Amboise, des ennemis, démontant des poutres au rez-de-chaussée, s'étaient glissés à l'intérieur de l'une de ces tours. Ils percèrent le plafond, grimpèrent à l'étage intermédiaire et là furent surpris de voir, couché près de sa mère, le fils et héritier nouveau-né du châtelain : c'était ce que celui-ci avait de plus précieux au monde. Ils ne s'emparèrent ni de la dame ni du petit garçon. Ce qu'ils voulaient, c'était la tour. Elle était entre leurs mains. Ils prirent le lit et le portèrent, chargé du bébé et de sa mère, jusqu'à la porte de la maison où, non loin de là, le châtelain dormait sur ses deux oreilles. En effet, en temps normal, on ne logeait pas dans le donjon. Il n'était pas fait pour cela. Il servait d'ultime retraite, et surtout, cet édifice vertical, dominant de haut le pays, une bannière plantée à sa cime, était l'emblème de la puissance du seigneur, de son droit de punir et de juger dans toute la contrée environnante.

Le logis, lui, se trouvait dans la cour, avec ses annexes, les écuries, les greniers, les ateliers, les cases des serviteurs. C'était un édifice de bois généralement très simple. Il ne se composait que de deux pièces, séparées par une cloison, parfois par une tenture. D'un côté, la salle, pièce de réception où le maître siégeait, nourrissait ses amis et rendait la justice; de l'autre, la chambre, intime. D'ordinaire, on faisait le feu et la cuisine à l'écart, dans une cabane isolée, en raison du risque d'incendie. Un tel aménagement était parfaitement suffisant. A cette époque, les gens vivaient en plein air la plus grande partie de la journée. Il existait pourtant des demeures moins rudimentaires. C'était le cas à Ardres, et la famille d'Arnoul n'en était pas peu fière. Une soixantaine d'années avant sa naissance, son arrière-grand-père maternel, qui revenait de la croisade enrichi et ébloui par des manières de vivre beaucoup plus raffinées, entreprit de rénover le logis que son père avait bâti. Il lui fallait un bon charpentier, car il n'envisageait pas de construire autrement qu'en bois.

On lui recommanda un certain Louis, excellent artisan. Il l'engagea. Son ouvrage, au temps d'Arnoul, suscitait encore l'étonnement dans toute la région pour sa complication, le nombre de ses pièces. On parlait de ses couloirs et de ses escaliers comme d'un inextricable labyrinthe.

La demeure

De cette maison, il ne reste rien aujourd'hui. Mais Lambert l'a décrite en détail et je puis donc te faire visiter les lieux où Arnoul vécut ses premières années. Lorsqu'on avait franchi l'enceinte et pénétré dans la cour, on passait devant une construction entièrement affectée à la préparation des repas (au rez-de-chaussée, un élevage de volailles et les grands saloirs où les quartiers des porcs que l'on avait abattus au mois de décembre étaient conservés toute l'année; au niveau supérieur, le foyer où rôtissaient les viandes et mijotaient les soupes). Tout près, s'élevait la demeure:

elle surmontait la motte, comme le donjon qui l'avait précédée et qu'elle englobait. On accédait par une échelle à l'habitation proprement dite, juchée au-dessus des celliers où s'entassaient les sacs de farine, les cuves de bière et les tonneaux de vin. On entrait directement dans la salle que flanquaient deux offices, l'un pour le pain, l'autre pour les boissons, car dans cette pièce la plus vaste on dressait les tables pour les festins que présidait le maître. Une porte la séparait de la chambre où Arnoul était né. Dans un réduit voisin dormaient les servantes qui l'avaient élevé; lui-même avait dormi avec ses frères et sœurs dans une autre pièce annexe; un troisième recoin où l'on pouvait faire du feu était une sorte de couveuse où, pendant les premiers mois de son existence, des nourrices l'avaient pouponné. Au-dessus (comme l'ancien donjon, la maison comportait trois étages) s'étendait une terrasse, où les guetteurs se relayaient et où les parents d'Arnoul montaient se délasser et prendre le frais. Sur cet espace dégagé donnait un dortoir : ses sœurs, devenues grandes, y étaient enfermées la nuit. Un couloir menait à la chapelle toute décorée de peintures : c'est là que la famille se réunissait pour prier autour du prêtre Lambert.

Cette armoire de chêne est l'un des rares meubles du XIIe siècle qui soit parvenu jusqu'à nous.
Les chevaliers aimaient à se réunir pour boire ensemble.
Les objets les plus humbles, comme cette cruche, sont richement décorés.

Le seigneur

Tu dois imaginer plusieurs dizaines de personnes vivant en permanence dans l'enceinte de cette forteresse et deux fois plus de chevaux piaffant dans la cour et dans les écuries près de la belle maison que Christine, la mère d'Arnoul, avait héritée de ses ancêtres. Après avoir épousé Christine, le père d'Arnoul, Baudoin, s'y était installé et en avait pris possession au nom de sa femme. Baudoin était lui-même chevalier. Il aimait rappeler qu'il avait reçu les insignes de la chevalerie de la main d'un grand personnage, l'archevêque de Canterbury, Thomas Becket, de passage dans la région. Mais tenir un château faisait de lui plus qu'un chevalier. Pour cela, on le saluait, comme le roi, du titre de « sire ». Ce mot est le même que le mot seigneur. Baudoin était le seigneur d'Ardres, le maître de la seigneurie dont ce château était le centre. Il était responsable de la paix publique dans la vingtaine de villages et de hameaux des environs. C'est à lui qu'il appartenait de défendre les habitants contre des agresseurs éventuels, de mettre fin aux querelles et aux bagarres en réconciliant les adversaires, de pourchasser et de châtier les assassins, les voleurs, les incendiaires.

Une petite équipe de cavaliers l'aidait dans cette tâche. Elle se rassemblait autour de lui lorsqu'il prenait dans sa main cette bannière qui flottait sur son logis et partait en campagne, et quand, en cas d'alerte inattendue, il ordonnait de lancer à son de trompe le « cri du château ». Quelques-uns de ces guerriers professionnels résidaient à l'intérieur des fossés. Ils appartenaient à la maisonnée du sire, à sa « mesnie », comme disait le français de ce temps-là. Ils mangeaient avec lui, dormaient non loin de lui dans la salle. Ils ne le quittaient pas. Au combat, ils se pressaient à ses côtés, formant cette équipe compacte qu'on appelait un « conroi ». La plupart était ses parents très proches, ses frères, ses cousins germains; quelques-uns ses camarades d'enfance, armés chevaliers en même temps que lui; d'autres les fils de ses sœurs ou des chevaliers d'alentour que leur père lui avait confiés. L'habitude de vivre constamment ensemble et une étroite camaraderie liaient ces hommes entre eux et les liaient à lui.

Les vassaux

Dans le territoire dominé par la tour qu'on appelait le « district » du château, d'autres chevaliers, au nombre d'une douzaine, d'une quinzaine, possédaient leur propre maison où ils vivaient en chefs de famille. Ils étaient attachés à la forteresse. A tour de rôle, ils devaient y accomplir un stage, venir en compléter la garnison pendant un mois ou deux. Ils combattaient sous la bannière du sire et chacun d'eux tenait de lui ce que l'on nommait un « fief ». C'était une petite terre, ou bien le droit de lever un impôt à tel endroit, que Baudoin lui avait concédé pour contribuer à son entretien. En raison de leur fief, tous les hommes de guerre du district lui avaient fait hommage.

Chevaliers comme lui, ils se considéraient comme ses égaux. Un jour, pourtant, ils étaient venus, l'un après l'autre, s'agenouiller devant lui. Ils avaient mis leurs deux mains jointes entre les siennes en signe de soumission. Baudoin les avait relevés, pris dans ses bras. Ils avaient échangé le baiser d'amitié. Puis le chevalier avait juré devant Dieu de lui être fidèle, de ne rien faire qui puisse lui nuire. Par ces gestes et ces paroles, il s'était reconnu le « vassal » de Baudoin, lequel était devenu son « seigneur ». Ces deux mots expriment bien ce qui liait désormais les deux hommes. Le mot vassal évoquait un petit garçon, le mot

Dans le fossé qui entoure le château, les chevaliers de garde se réchauffent auprès d'un feu de bois. Tout est tranquille. Pourtant, l'un d'eux veille, prêt à donner l'alarme.

seigneur un être âgé. Comme des parents, ils se devaient mutuellement, leur vie durant, aide et conseil. Toutefois, le vassal se trouvait subordonné au maître du château, comme un fils l'était à son père, obligé de répondre à ses convocations, de siéger à ses côtés lorsqu'il rendait la justice et de se soumettre lui-même à ses sentences. Ses devoirs à l'égard de la forteresse, l'obligation d'y accourir à l'appel du « cri », d'y prendre à certaines dates et un certain temps son tour de garde, constituaient le service de son fief. Le seigneur pouvait lui reprendre celui-ci si, manquant à ses devoirs, il lui arrivait de se montrer infidèle, « félon ». Sinon, il le conservait jusqu'à sa mort et son fils aîné le tenait à son tour, le servant en bon chevalier.

Sur les habitants du district qui n'étaient pas chevaliers et sur ceux, marchands ou pèlerins, qui le traversaient, Baudoin d'Ardres détenait un pouvoir différent, beaucoup plus pesant. Il ne l'exerçait pas lui-même. Il chargeait deux ou trois de ses domestiques, les « prévôts », de l'exercer. Lorsque Arnoul était enfant, il n'y avait plus d'esclaves parmi les villageois depuis près d'un siècle, mais tous étaient exploités

durement. Si l'un d'eux commettait un délit léger, un petit larcin, si on le surprenait braconnant dans le bois du seigneur, s'il avait mené ses bêtes dans le pré d'autrui ou s'il avait assommé un voisin, le prévôt lui infligeait une amende, exigeait que soient versées dans ses mains quelques-unes de ces toutes petites pièces d'argent que les paysans gagnaient au marché et cachaient dans leur cabane, que les voyageurs serraient dans leur besace. Le prévôt en gardait une ou deux pour lui. Il versait le reste au père d'Arnoul. Pour un crime très grave, le prévôt saisissait le malfaiteur, lui tranchait une main, lui crevait les yeux ou bien le pendait, et tout ce que l'on trouvait dans la hutte du criminel revenait au seigneur du château. C'est ainsi, brutalement, que Baudoin procurait à la population de la contrée et

Pour éliminer les mauvaises herbes sans piétiner les blés, ces femmes utilisent un bâton fourchu et une faucille fixée au bout d'un long manche. Les mains de l'une des paysannes sont protégées par d'épais gants de travail.

aux passants, ce bien très précieux, la sécurité. En échange du service ainsi rendu, ses prévôts percevaient une taxe sur les voyageurs, le « péage ». Ils imposaient aux paysans, aux « manants », de travailler dans la cour du château à l'entretien des fossés et des palissades, de suivre à pied, armés de frondes et de gourdins, les chevaliers dans leurs expéditions contre l'ennemi. Ils veillaient à ce que les sujets, à Noël, à Pâques, portent dans la forteresse de quoi nourrir la garnison, du blé, des jambons, de la volaille, et lorsqu'ils savaient que dans telle ou telle chaumière un peu d'argent s'était accumulé, ils exigeaient qu'une partie en soit livrée au seigneur. Cet argent, Baudoin d'Ardres l'employait à mieux équiper ses amis, les chevaliers, et à leur donner du plaisir afin qu'ils l'aiment davantage et servent plus vaillamment au combat.

La petite principauté sur quoi régnait le maître du château d'Ardres s'étendait jusqu'aux limites des seigneuries dont chacun des châteaux voisins était le centre, Boulogne au sud-ouest, à une trentaine de kilomètres, Saint-Omer au sud-est et Bourbourg au nord, à une vingtaine. A neuf kilomètres, s'élevait un château plus ancien et plus puissant, celui de Guînes. C'était le siège d'une principauté plus vaste, un comté. Ardres était situé à l'intérieur de ce comté et, pour cette raison, le sire d'Ardres était tenu de faire hommage au comte de Guînes. Cependant, le comté de Guînes était lui-même englobé dans une principauté encore plus vaste et plus forte, le comté de Flandre. Le comte de Guînes était vassal du comte de Flandre et devait le servir, se rendre en sa cour, l'accompagner dans ses guerres. Quant au comte de Flandre, il était vassal du roi de France et le servait comme lui-même était servi par les chevaliers, ses fidèles. La chaîne des hommages reliait ainsi les camarades de Baudoin, les guerriers du château d'Ardres, au roi Louis VII, chevalier comme eux, qui en 1160 tenait sa cour à Paris.

Un paysan montre à son fils comment il faut s'y prendre pour labourer. La charrue n'a pas de roues : c'est un araire. Tiré par des bœufs, il trace le sillon.

La féodalité

Cette organisation politique, c'est ce qu'on appelle la féodalité. Sur elle, reposait la paix dans le royaume. En vérité le système fonctionnait moins bien qu'il n'aurait dû car la chaîne des hommages était très emmêlée. Ainsi, les seigneurs d'Ardres venaient bien mettre leurs mains entre celles du comte de Guînes, mais ils les mettaient aussi directement dans celles du comte de Flandre et lui juraient la même fidélité. Ils avaient donc deux seigneurs, pouvaient jouer de l'un contre l'autre et défendre ainsi leur indépendance. C'est ce qu'ils avaient fait longtemps. Les ancêtres de Christine, la mère d'Arnoul, n'avaient cessé de se battre avec leurs chevaliers contre les maîtres du château de Guînes et leur avaient tenu tête. Jusqu'au jour où le

Un long conflit oppose Louis VII à son vassal Henri Plantagenêt, comte d'Anjou et duc de Normandie. Celui-ci s'empare de l'Aquitaine en épousant la duchesse Aliénor, répudiée par le roi, puis devient roi d'Angleterre en 1154.

comte de Guînes avait réussi à obtenir que cette petite fille, héritière d'Ardres, soit promise pour femme à Baudoin, son fils aîné, son héritier. Baudoin était ainsi devenu le vassal de son père. Ce mariage avait tout arrangé.

La famille

Arnoul avait une sœur plus âgée que lui d'un an. Il était l'aîné des garçons, et c'est pour cela qu'il portait ce nom, parce que son grand-père paternel, le comte de Guînes, s'appelait Arnoul, parce que le fondateur du château

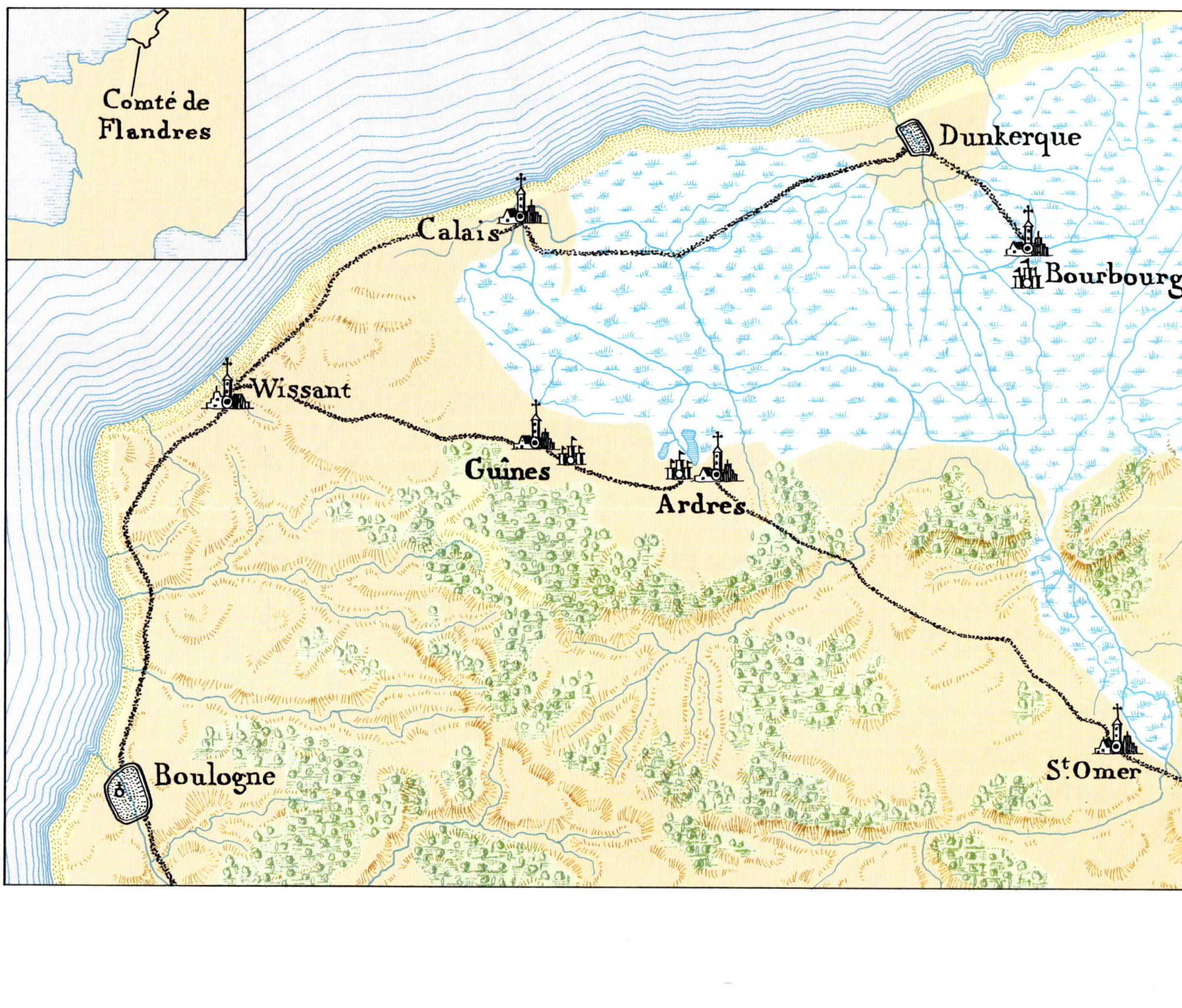

d'Ardres, l'arrière-grand-père de sa mère, s'était appelé aussi Arnoul et que, lui, était destiné à succéder à l'un et à l'autre. Aujourd'hui, tu le sais, les parents donnent à leurs enfants le prénom qu'ils veulent, Pierre, Clément ou Jean-Florent, Julie, Inès ou Alexandra. Mais ils ne peuvent pas choisir le nom de famille. Or, en 1160, Arnoul n'était pas un prénom, c'était un nom de famille. Il appartenait à la famille avec quelques autres, qui avaient été portés par les ancêtres du père ou de la mère. Entre ces noms, le choix était permis, mais on ne pouvait aller en prendre d'autres ailleurs. Philippe Auguste par exemple s'appelait Philippe comme son grand-père, et son fils Louis, comme son grand-père aussi. Quelquefois pourtant, le parrain, l'homme qui avait tenu le nouveau-né sur les fonts baptismaux et s'était engagé pour lui envers Dieu, obtenait, lorsqu'il était très puissant, que l'enfant prît son nom afin qu'il lui fût soumis comme on l'est à son père. C'est pour cela qu'il y avait tant d'Arnoul en Flandre et alentour. Arnoul (Baudoin aussi) était l'un des noms des comtes de Flandre qui, pendant des générations, avaient renforcé leur autorité sur les nobles de la région en s'imposant comme parrains lors des baptêmes de leurs garçons. Des centaines de chevaliers s'appelaient Arnoul. Pour les distinguer des uns des autres, on donnait à chacun des surnoms. Certains de ces surnoms devinrent peu à peu ce qu'est pour nous le nom de famille quand, un peu plus tard, à l'approche du XIIIe siècle, l'habitude se répandit de placer les enfants sous la protection d'un saint du calendrier et de leur faire porter son nom.

Le jeu d'échecs, d'origine asiatique, est introduit en Europe au VIIIe siècle par les Arabes. Jeu de stratégie et de réflexion, les échecs sont très appréciés des chevaliers, qui aiment livrer ces batailles imaginaires. Ce cavalier d'ivoire représente un chevalier en armes : coiffé de son heaume et revêtu de son haubert, il tient en main une lance et se protège à l'aide de son écu.

Frères et sœurs

Après Arnoul et sa sœur, cinq autres garçons et trois autres filles naquirent, les premiers dans la chambre du château d'Ardres, les suivants dans celle du château de Guînes où le seigneur Baudoin, déménageant, alla s'établir en 1169, à la mort de son père. En Europe, au XIIe siècle, les maladies faisaient rage chez les jeunes enfants. Dans les cabanes

En 1165, la reine Adèle, troisième épouse de Louis VII, met au monde un garçon, le futur Philippe Auguste. Le roi a enfin un héritier. Certains y voient un signe de Dieu.

Le jeu de pelote, lointain ancêtre du base-ball, se pratique en plein air.

des paysans, comme aujourd'hui au Soudan ou au Zaïre, un bon quart mouraient avant cinq ans, un autre quart avant quinze ans. Au château, les fils et les filles du maître, mieux nourris, mieux soignés, plus robustes, étaient moins durement frappés. Aussi n'était-il pas rare de voir, comme à Ardres ou à Guînes, dans les familles de chevaliers, dix enfants adultes réunis autour de leur père. Frères et sœurs grandissaient ensemble dans la chambre et les pièces attenantes. Ils s'amusaient, nous ne savons pas très bien à quels jeux, car les écrivains du XIIe siècle s'intéressaient peu aux jeunes enfants. Il existe quelques traces archéologiques, ces vestiges de jouets rudimentaires, des poupées, de petits arcs, que l'on découvre parfois sur l'emplacement des demeures de ce temps. Guillaume le Maréchal se souvenait d'avoir joué, quand il était petit, à la balançoire, et à ce jeu qui consiste, comme au mikado, à retirer d'un tas de brindilles de bois l'une d'elles sans faire bouger les autres. Des images plus récentes, datant du XVe et du XVIe siècle, donnent à penser que les jeux, très simples, de cette époque, jeux de balle ou de billes, ressemblaient beaucoup à ceux des jeunes garçons du tiers monde aujourd'hui. J'apprends par le récit du prêtre Lambert que les enfants du château d'Ardres allaient barboter dans un étang au pied du rempart. C'est tout ce que je puis t'en dire.

L'éducation des filles

Lorsqu'ils avaient six ou sept ans, on cessait d'habiller les garçons comme les filles. On les séparait d'elles. Ils quittaient la maison. Leurs sœurs restaient. Bien gardées la nuit tout en haut du château, près des veilleurs, elles passaient leur journée dans le verger, cette partie de la cour enclose et plantée d'arbres, ou dans la chambre. La chambre était le séjour des femmes. Elles s'y tenaient autour de la « dame ». Ainsi nommait-on l'épouse du seigneur.

La dame était la mère de la famille. Elle mettait au monde les héritiers du sire. Elle les couvait pendant leur petite enfance. Aux côtés de son mari, elle veillait sur l'intérieur de la maison, gardienne des parures, des vêtements, des réserves de nourriture. Les clés des coffres pendaient à sa ceinture et toute la population féminine était placée sous son pouvoir, un pouvoir qu'elle exerçait avec rudesse. Elle menait à la baguette un troupeau de servantes, des filles qu'elle était allée choisir elle-même, toutes jeunettes, dans les villages de la seigneurie, parmi les enfants des paysans. Elle les corrigeait violemment. Il lui arrivait d'en tuer de ses mains, emportée par la colère (je tiens à ce que tu sentes bien combien l'époque dont je te parle était encore sauvage).

Une des tâches principales de ces femmes consistait à travailler la laine, le lin, le chanvre. Le château était aussi un petit atelier de filature et de tissage où l'on confectionnait la plupart des étoffes dont se servait la maisonnée. La dame mettait elle-même la main à l'ouvrage pour orner de broderies les tissus des plus riches, ceux, teints de couleurs vives, que l'on avait achetés aux marchands de passage pour y tailler les robes des maîtres et de leurs amis, ou bien pour les tendre sur les lits et sur les murs. L'art du textile faisait, avec la chanson et la danse, le luxe de la vie chevaleresque. Mais les tissus sont fragiles. De cet art, il ne reste presque rien. On peut se faire une idée de l'habileté des brodeuses par les quelques pièces qui n'ont pas été détruites, comme la longue bande couverte d'images qu'on appelle la *Tapisserie de Bayeux*, qui fut exécutée par des femmes en Angleterre vers 1080. Christine, la mère d'Arnoul, montrait à ses filles comment manier le métier à tisser et l'aiguille, les préparant à décorer plus tard leur propre demeure. Elle leur montrait aussi comment chanter, danser et, bien sûr, aidé par le prêtre, comment prier convenablement. Peut-être savait-elle lire et leur apprenait-elle égale-

Dans les manuscrits, la lettre par laquelle commence un chapitre ou un paragraphe, la lettrine, est richement décorée. Celle-ci évoque le travail des tisserands. Les techniques du tissage et de la broderie sont enseignées aux petites filles.

Les fils de chaîne sont tendus sur toute la longueur du métier à tisser. Avec les pédales, le tisserand en soulève un sur deux et fait passer transversalement le fil de trame grâce à la navette.
Le costume des femmes de chevaliers au XIIe siècle.

ment la lecture : il semble bien qu'on trouvait plus d'illettrés à la fin du XIIe siècle parmi les chevaliers que parmi leurs épouses. Ainsi élevait-on les filles de la noblesse, formées pour être mariées, à devenir à leur tour des dames.

Très tôt, leur père entamait des pourparlers avec les familles auxquelles il désirait s'allier. Il offrait de donner l'une d'elles. On discutait. Lorsqu'on s'était mis d'accord, un garçon était conduit par ses parents au château. Souvent, il voyait ce jour-là pour la première fois celle qui serait sa femme. On procédait alors aux fiançailles. C'était un pacte conclu très solennellement entre les deux maisonnées. Le père prenait sa fille par la main et remettait cette main dans la main du garçon. Par ce geste ils étaient unis. Mais il fallait encore des paroles, car les prêtres exigeaient que les deux fiancés expriment eux-mêmes leur consentement. Ce qui n'allait pas toujours sans peine. Parfois, une fille renâclait, protestait qu'elle en aimait un autre. Lui fermer la bouche, la rudoyer jusqu'à ce qu'elle se soumette à la volonté paternelle prenait du temps, et l'on était obligé de repousser la cérémonie à une autre date. Parfois aussi, les familles décidaient du sort d'une enfant au berceau qui ne parlait pas encore. Ç'avait été le cas de Christine, la mère d'Arnoul. Elle n'avait rien pu dire le jour de ses fiançailles. Elle avait simplement souri et l'on s'était contenté de ce sourire. Les noces évidemment avaient lieu plus tard. Cependant, on jugeait que les filles, dès l'âge de douze ans, étaient bonnes à marier. La plupart d'entre elles quittaient alors la chambre où elles étaient nées. Un cortège joyeux les conduisait vers la maison de leur promis.

Devenu comte de Guînes à la mort de son père, Baudoin était un puissant seigneur. Il réussit pour cela à caser toutes ses filles. Beaucoup de chevaliers n'y parvenaient pas. Aux aînées, ils trouvaient bien un mari. Les autres

leur restaient sur les bras. Elles vieillissaient. Celles qui ne supportaient pas de vivre sous l'autorité de leur belle-sœur, la femme de leur frère, devenue maîtresse de leur maison natale, allaient finir leurs jours dans un monastère. Pour les accueillir, les couvents de femmes s'étaient multipliés dans la région depuis un siècle. L'arrière-grand-tante d'Arnoul en avait fondé un, aux environs de Guînes. Il offrait un refuge aux veuves des chevaliers du comté et à celles de leurs filles qu'ils n'avaient pu marier.

Les écoles

Les garçons quittaient la maison beaucoup plus tôt que leurs sœurs. Ils la quittaient le cœur gros, seuls, accompagnés tout au plus d'un serviteur. Pour ces enfants très jeunes, ce départ était un arrachement douloureux. Toute leur vie, ils restaient blessés par cette rupture brutale, par la séparation d'avec leur mère, les nourrices qui les avaient allaités, dorlotés. Ils gardaient la nostalgie de ce nid de douceur dont on les avait tirés de force. L'image de la mère perdue les hantait. Guillaume le Maréchal n'avait pas oublié le matin triste où il avait dû prendre la route, et, dès qu'il l'avait pu, mais c'était une vingtaine d'années plus tard, il était revenu serrer dans ses bras sa mère, ses sœurs, ces femmes qui n'avaient cessé de lui manquer. Alors qu'il ne parlait jamais de son père.

En effet, entre le père encore jeune qui ne voulait rien lâcher de ses pouvoirs, et ses fils grandissant, rêvant d'indépendance, réclamant de l'argent pour vivre à leur guise, les relations n'étaient pas faciles dans la chevalerie. Sans doute est-ce aussi pour cette raison que la coutume s'était installée d'envoyer les garçons ailleurs poursuivre leur éducation et apprendre leur métier.

La tapisserie de la reine Mathilde représente aussi des scènes de la vie quotidienne : ici, deux cuisiniers font cuire de la viande dans une marmite.
Lors des fiançailles, le père remet la main de sa fille dans celle du garçon qui sera son mari.

Pour certains d'entre eux — ainsi pour deux des frères d'Arnoul, Baudoin et Gilles — ce métier serait la prière. Leur père avait décidé qu'ils ne seraient pas chevaliers mais prêtres ou moines. Ceux-ci partaient rejoindre l'un de leurs oncles dans la cathédrale de la cité voisine ou dans une abbaye de la région. Là, on les mettait à l'école. Ce que l'on entendait par

Le jeune garçon qui s'en va apprendre son métier de chevalier est triste de se séparer de sa mère et de ses sœurs, avec lesquelles il a passé les premières années de son enfance. C'est souvent en pleurant qu'il reçoit la bénédiction maternelle.

ce mot au XIIe siècle ressemblait peu aux écoles ou aux lycées que tu connais, où les élèves passent comme toi d'une classe à l'autre, d'un enseignement à un autre. Les écoles en ce temps-là réunissaient pour plusieurs années des garçons de tous les âges autour d'un seul maître, chargé de les amener peu à peu à se servir convenablement des livres fondamentaux du christianisme, de la Bible, des commentaires de la Bible et des textes que l'on lisait pendant les offices religieux. Tous étaient écrits en latin. A l'apprentissage de la lecture succédait donc l'étude de la grammaire et du vocabulaire latins. Le maître choisissait l'un de ces livres, en lisait lui-même un passage, expliquait le sens des mots, des phrases, puis montrait à partir de cet exemple comment composer un discours et mener une discussion. L'enseignement n'avait qu'un but, préparer à servir Dieu, c'est-à-dire à remplir une fonction que cette société jugeait capitale.

Dans une famille, tous les garçons ne peuvent pas devenir chevaliers. Certains sont placés dans un monastère : à la fin de leurs études, ils seront prêtres ou moines.

Le ciel et l'enfer

Car tout le monde était alors persuadé que la réalité ne se limite pas à ce que l'on voit, qu'il existe un autre monde, surnaturel, où les âmes, séparées du corps au moment de la mort, vont continuer de vivre, et que, depuis cet autre monde, des forces invisibles agissent constamment sur la terre. Mis à part les juifs qui formaient d'importantes communautés dans les villes et, à cette époque, en 1160, n'étaient pas trop maltraités, tout le monde partageait la foi chrétienne, la croyance en Dieu le Père, en Jésus-Christ qui reviendrait bientôt juger les vivants et les morts ressuscités, les répartir entre le paradis et l'enfer. Sur le porche des églises, des sculpteurs avaient représenté la scène du Jugement dernier où l'on voyait les pécheurs torturés éternellement par les démons. Chacun redoutait de partager leur sort et pensait l'éviter en s'interdisant de mal faire, mais surtout en s'agenouillant, mains jointes, comme un vassal devant son seigneur, devant le Tout-Puissant, ou plutôt devant les saints qui constituaient sa cour dans le ciel, se donnant ainsi, se confiant à eux, attendant qu'ils plaident leur cause et les protègent de la colère divine. Toutefois, à cette époque, les chevaliers comme les bourgeois des villes et les paysans, comptaient avant tout sur le secours des prêtres et des moines. Ils les chargeaient de prier à leur place, d'obtenir pour eux la miséricorde, de les sauver de l'enfer.

Pour gagner le paradis, personne ne regardait à la dépense. Tout seigneur, dès qu'il le pouvait, faisait aménager chez lui une chapelle. S'il était riche, il voyait plus grand, il bâtissait une église ou un monastère et installait là une équipe de prêtres ou de moines, les nourrissait, comme il nourrissait ses chevaliers, les chargeait de prier nuit et jour pour lui, pour ses ancêtres et pour les gens de sa maisonnée. Ainsi, en 1084, le père d'une

Ces enluminures du XIVe siècle évoquent la vie de Louis IX, sa piété, son humilité. Louis IX, qui symbolise par ses vertus le parfait chevalier chrétien, sera reconnu comme saint par l'Église en 1297.

En 1257, Robert de Sorbon fonde, dans l'université de Paris, le collège qui porte son nom : la Sorbonne. Le maître et les étudiants sont des ecclésiastiques.
Au porche des cathédrales sont représentés les supplices que les démons de l'enfer infligent aux damnés.

arrière-grand-mère d'Arnoul avait fondé, non loin de son château de Guînes, l'abbaye d'Andres. Quinze ans plus tôt, le grand-père d'une des grand-mères d'Arnoul avait implanté un collège de dix chanoines à côté de son château d'Ardres ; il venait chaque jour s'asseoir auprès d'eux à l'heure de l'office, chanter les psaumes avec ces hommes d'Église, dont certains étaient ses oncles, ses cousins, les autres les oncles et les cousins de ses vassaux, et distribuer les aumônes aux pauvres ; jusqu'en 1144, ses descendants avaient fait de même avant que les chanoines (on appelle chanoines des hommes d'Église formant un collège, c'est-à-dire une communauté, et vivant selon une règle qui les astreint à prier tous les jours ensemble) ne soient remplacés par les moines d'une abbaye de la région.

Les moines

Dans ces lieux de culte, annexes de la maison seigneuriale, les morts de la famille étaient enterrés. Au monastère d'Andres reposaient tous les ancêtres du patron, le comte de Guînes, et ceux des chevaliers du pays, ses fidèles. Car la tâche principale des garçons qui allaient apprendre le latin aux écoles consistait à veiller sur les défunts, à réciter des formules qui les mettraient en bonne posture devant le grand Juge le jour de la résurrection. A la famille de leur patron, ces hommes rendaient aussi d'autres services. Ils leur expliquaient de temps à autre, dans un sermon, comment il faut se conduire pour plaire à Dieu. Sachant lire et compter, ils aidaient à administrer la seigneurie en un temps où l'usage de l'écriture se répandait très vite. C'est eux enfin qui conservaient la mémoire des aïeux et qui par-

En 1095, à Clermont, le pape Urbain II appelle les chrétiens d'Occident à partir en croisade pour délivrer Jérusalem, la ville sainte, alors aux mains des Turcs musulmans. L'enthousiasme est immense. Jérusalem est prise en 1099.

fois prenaient la plume pour raconter leurs exploits, comme le fit le prêtre Lambert attaché au château d'Ardres, de qui je tiens tout ce que je peux te dire d'Arnoul.

Lorsqu'ils avaient été placés dans une cathédrale ou dans une abbaye, les fils de chevaliers pouvaient espérer, soutenus par un de leurs parents, monter en grade et être élus évêque ou abbé. Ils devenaient alors eux-mêmes seigneurs. En effet, au siècle précédent, les établissements religieux avaient reçu de très grosses donations. Dans les campagnes et dans les villes, ils possédaient une bonne part de la terre; ils détenaient le pouvoir de commander et de punir un grand nombre de bourgeois et de paysans; ils avaient leurs propres châteaux, garnis de leurs propres chevaliers. Aux moines et aux prêtres, il était interdit de verser le sang; ils ne pouvaient manier l'épée, combattre. Mais ils montaient volontiers à cheval et l'on voyait encore beaucoup d'évêques qui ne résistaient pas au plaisir de revêtir une cuirasse et, brandissant la bannière de leur église, de conduire contre l'ennemi la troupe de leurs vassaux.

Lire et écrire

De fait, les garçons qui avaient pris l'habit religieux, menaient une vie assez semblable à celle de leurs frères et de leurs cousins chevaliers. Sauf s'ils étaient entrés dans un monastère très sévère où l'on respectait strictement l'interdiction de sortir dans le monde, ils avaient mainte occasion de les rencontrer. Ils chassaient avec eux, s'asseyaient à la même table; leur parlant, ils les faisaient profiter de leur savoir, leur révélaient un peu de ce qui est écrit dans les livres; s'il en était besoin, ils écrivaient sous leur dictée. Car dans la France du Nord en 1160 — ou plutôt en 1170-1175, car Arnoul a grandi depuis que nous en parlons — fort peu de chevaliers étaient capables d'écrire. Cela ne paraissait pas indispensable, ni même utile, et l'apprentissage de la lecture ne faisait pas partie de leur éducation. En revanche, ils devaient s'exercer à bien parler. Dans les assemblées de la chevalerie, dans les cours, ces réunions où les vassaux venaient s'asseoir autour de leurs seigneurs pour le conseil et pour rendre avec lui la justice, tout se réglait en paroles. Toutes les connaissances, tous les récits, tout ce que nous lisons aujourd'hui dans les journaux ou dans les livres se transmettait par la parole. Et si la plupart des hommes de guerre étaient illettrés, ils avaient du moins sur nous cet avantage : leur mémoire, constamment exercée, était agile, fidèle, profonde, presque autant que celle de ton ordinateur.

Dans la forêt

La chasse est l'une des distractions favorites des chevaliers.

Parlons maintenant des jeunes enfants appelés à devenir chevaliers. Expulsés de chez eux, ils étaient souvent reçus dans la maison du frère de leur mère. Le devoir de l'oncle maternel était en effet de veiller spécialement sur les fils de ses sœurs et de les aider dans la vie. Entre eux et lui s'établissait un lien d'affection très étroit, le plus étroit de tous, beaucoup plus étroit qu'entre un père et son fils ; c'est celui qui, par exemple, unit dans la légende Roland à Charlemagne. Toutefois, plus souvent, le père confiait son garçon à son seigneur. C'est ce que fit Baudoin. Il réclamait aux chevaliers attachés à son château de lui confier leurs fils. Lui-même envoya Arnoul auprès de son propre seigneur, le comte de Flandre, lequel tenait à éduquer lui-même tous les futurs seigneurs de la région. Le système politique qu'on appelle féodalité reposait tout entier sur l'amitié entre le seigneur et ses vassaux. Cette amitié, la cérémonie de l'hommage la créait. Il fallait la réchauffer constamment, l'entretenir par des contacts personnels. C'est pourquoi les chevaliers étaient astreints à se rendre périodiquement auprès de leur seigneur, de l'homme à qui ils avaient juré fidélité, à vivre quelques jours en sa compagnie durant leur stage au château ou bien quand il les convoquait à sa cour. Il existait un autre moyen, très sûr, de les unir solidement à lui, c'était de les placer sous son autorité dès leur enfance, de faire de lui leur second père, plus respecté, mieux aimé que le vrai. Le seigneur le devenait effectivement pour le petit garçon de sept ans qui se présentait devant lui, désemparé, après un voyage parfois long (Guillaume le Maréchal avait dû traverser la Manche pour rejoindre le sire de Tancarville à qui son père l'avait remis). Cet enfant entrait dans une maison plus vaste que celle où il était né, prenait place dans une maisonnée plus nombreuse car son père était généralement moins riche que son seigneur ou son beau-frère. Dans ce château mieux construit, plus largement ouvert, plus plaisant, il allait pendant une douzaine d'années manger à la table du patron, d'abord tout au bout, puis se rappro-

La chasse est dangereuse. Les chevaliers affrontent à l'épée ou à la lance des cerfs, des sangliers, des ours. Les blessures graves, voire mortelles, ne sont pas rares.

chant de lui à mesure qu'il prenait de l'âge. Il irait parfois dormir aux pieds de son lit. La dame remplacerait la mère dont il avait été séparé. Il tâcherait de briller à ses yeux pour gagner l'affection du maître, son mari. Afin de leur plaire à tous les deux et d'être bien traité, il ferait de son mieux, s'appliquant à devenir « preux », c'est-à-dire guerrier vaillant.

Pour cela, il importait avant tout de former son corps afin qu'il soit souple et robuste, et son cœur, afin qu'il soit généreux. Dès son arrivée, on lui faisait rencontrer le cheval. Dans les écuries, à la forge, dans la cabane où l'on façonnait les selles, les palefreniers et les garçons plus avancés que lui dans l'apprentissage lui montraient comment nourrir un cheval, le soigner, comment ajuster, réparer son harnachement. Petit à petit, ce qui serait l'outil le plus précieux de son métier, le plus fragile, le plus difficile à manier, lui devenait familier.

Dans le même temps, il se familiarisait avec la nature vierge. A cette époque, elle était beaucoup plus vigoureuse, exubérante, envahissante qu'elle ne l'est pour nous ; beaucoup plus généreuse, elle livrait quantité d'aliments, de matériaux, de remèdes ; elle était aussi beaucoup plus dangereuse. Comme aujourd'hui dans la jungle de Bornéo ou dans la forêt amazonienne, nul ne pouvait se tirer d'affaire sans en connaître parfaitement les ressources et les embûches. Au XIIe siècle, les paysans brûlaient partout les friches, créaient de nouveaux champs et l'espace cultivé s'élargissait sans cesse. Pourtant, la plus grande partie du paysage était encore occupée par le bois, la lande, le marécage. Les grandes forêts de l'Ile-de-France dont les résidus, à Montmorency, à Senlis, à Rambouillet, te paraissent immenses, étaient beaucoup plus denses, plus compactes, aussi impénétrables que le sont aujourd'hui celles de l'Afrique centrale. En 1179 (Arnoul achevait alors sa formation de chevalier), Philippe, le fils aîné du roi de France, alors âgé de quatorze ans, et que l'on s'apprêtait à conduire à Reims pour le sacrer roi lui-même, s'y perdit ; on le crut mort ; il l'était plus qu'à demi lorsqu'il reparut deux jours plus tard, et, toute sa vie, semble-t-il, il resta ébranlé par le choc de cette mésaventure. Le taillis touffu, la lande brumeuse faisaient peur. On les imaginait peuplés de personnages étranges, de fées, de bêtes monstrueuses, de dragons. Et c'est vrai qu'on risquait d'y faire de mauvaises rencontres. Ces quartiers sauvages n'étaient pas déserts. Les criminels fugitifs, les hors-la-loi, les brigands s'y réfugiaient. Quant aux porchers, aux bûcherons, aux travailleurs très nombreux qui exploitaient ces terres incultes, qui en tiraient pour les livrer aux villages et aux villes les bûches, les poutres, le charbon de bois, le fer, le verre et qui vivaient là au milieu des arbres et des broussailles à l'écart des paysans, ils n'étaient guère plus rassurants. Il arrivait aux chevaliers les plus courageux de trembler, lorsqu'ils se trouvaient tout à coup face à face

PERDU DANS LES GRANDS BOIS

Une aventure de Geoffroi Plantagenêt, comte d'Anjou, grand-père de Richard Cœur de Lion.

« Un jour Geoffroi Plantagenêt partit chasser. Dans la forêt, ses serviteurs lâchèrent les chiens qui aussitôt flairèrent, suivirent les traces du gibier et le débusquèrent. Le comte en fut averti par leurs aboiements. Il voulut devancer par le travers la meute et le gibier mais ceux-ci se trouvaient plus loin qu'il ne croyait. Plus il pensait s'en approcher, plus il s'en écartait. Seul, il erra parmi la futaie solitaire, ne rencontrant ni ses compagnons, ni les chiens, ni personne qui les ait vus. Enfin, au soleil couchant, il aperçut à travers les branches la silhouette d'un homme tout noir : c'était l'un de ceux qui faisaient du charbon de bois pour les forgerons. » Le comte le salua, lui demanda, s'il connaissait le chemin de Loches, de l'accompagner par les sentiers jusqu'au grand chemin. Il prit le charbonnier en croupe. Une conversation s'engagea et le comte apprit ainsi que ses prévôts tyranisaient les pauvres gens.

Les seigneurs construisent des châteaux plus solides. Peu à peu, la pierre remplace le bois.

La chasse au faucon passionne les chevaliers d'Occident. Le rapace dressé, prêt à être lancé sur sa proie, se tient sur le poing ganté du chasseur.
Traqué par les rabatteurs, harcelé par les chiens, le sanglier est abattu d'un coup d'épieu.

avec ces hommes des bois, noirs, hirsutes, poilus comme des sangliers et puant autant qu'eux.

Les animaux de toute taille abondaient dans ces étendues périlleuses. Elles constituaient d'immenses terrains de chasse et les seigneurs commençaient à s'inquiéter du progrès des défrichements et se préoccupaient d'y mettre obstacle. Avec la guerre, la chasse était en effet leur occupation principale. Ils l'aimaient, parce qu'ils aimaient la viande des bêtes sauvages, grillée, rôtie à grand feu; c'était par excellence la nourriture des nobles. Mais ils l'aimaient surtout parce qu'ils prenaient plaisir à débusquer le gibier, à le traquer, à le tuer. Certaines d'entre ces bêtes étaient des adversaires redoutables et l'homme ne sortait pas toujours vivant du combat. Chasser exigeait de l'audace, une grande endurance et la connaissance approfondie des mœurs de chaque espèce animale. Le bon chasseur devait savoir repérer leur gîte, leurs passages, guetter, interpréter des bruits, des appels, déjouer leurs ruses, les identifier à la moindre empreinte, et puis encore mener les chiens, la meute des molosses, eux aussi très dangereux, que l'on élevait au château où les sujets de la seigneurie étaient obligés de les nourrir, des animaux énormes, qui poursuivaient les cerfs jusqu'à ce que ces bêtes, épuisées, s'effondrent sous leurs morsures, et qui luttaient à mort contre les loups ou les ours. Dans les logis des plus hauts seigneurs où l'on vivait à la manière des rois, on dressait des oiseaux de proie, en particulier des faucons, à chasser l'oiseau et l'on ne devenait habile dans l'art de la fauconnerie qu'après de très longs exercices. De toute façon, il fallait du temps et de la persévérance pour former un bon chasseur. Mais c'était du même coup former un bon guerrier, car la chasse ressemblait beaucoup à la guerre. C'était un sport aussi violent, presque aussi meurtrier, et qui, comme la guerre, se pratiquait en équipes de camarades très unis, accoutumés à travailler ensemble, dans la confiance mutuelle, par petits groupes éparpillés sur un territoire plein d'accidents et dont un langage particulier, appels, cris et sonneries de cor, servait à coordonner les manœuvres.

L'apprentissage du chevalier commençait donc par la chasse en même temps que par l'équitation. On lâchait les garçons, tout jeunes, dans les bois et dans les landes. Ils s'instruisaient en courant derrière le seigneur, ses amis, ses serviteurs et leurs chiens lorsqu'ils se lançaient à la poursuite du sanglier, du renard ou de la biche. Dans l'intervalle des battues, ils s'exerçaient au tir à l'arc. Plus tard, adultes, munis de l'épée et de la lance, ils mépriseraient cette arme populaire et cesseraient de s'en servir. Pour l'instant, s'amusant à tirer les oiseaux à travers les fourrés, ils apprenaient à se tenir à l'affût, fermes et patients, à maîtriser leurs nerfs, à bien viser, en même temps qu'ils s'initiaient dans les profondeurs forestières aux mystères de la nature.

L'usage des armes

A dix-huit ans, tu deviendras majeur. Au XIIe siècle, les garçons l'étaient quatre ans plus tôt. Ils n'avaient pas terminé leur croissance mais on les jugeait capables de se marier, de fonder leur propre ménage avec leur fiancée et, en cas de besoin, si leur père était mort, de prêter des hommages, d'en recevoir et de prendre la direction d'une seigneurie. A quatorze ans, Philippe Auguste fut couronné roi de France. Normalement, cependant, l'éducation du chevalier n'était pas terminée. Elle entrait alors dans sa seconde phase, la plus importante.

Le cheval

Au cours de leurs jeux préparatoires en forêt, les adolescents avaient appris à tenir bon dans les intempéries, à rester longtemps aux aguets, à tendre une embuscade; leur corps était suffisamment aguerri pour qu'ils puissent suivre leur père adoptif et ses chevaliers dans leurs expéditions militaires, sans trop les gêner, en leur rendant même quelques services. A ces guerriers, ils servaient d'« écuyer ». Ce nom vient du mot « écu » qui désignait le bouclier. Afin que les chevaliers arrivent en pleine forme sur les lieux du combat, les écuyers étaient chargés de transporter jusque-là leur équipement, en particulier cette arme défensive très lourde qu'était l'écu. Cette fonction subalterne les rapprochait des domestiques de bas étage qui prenaient soin de la cavalerie. Toutefois, caracolant aux côtés des hommes de guerre, s'engageant en pleine mêlée, leur prêtant éventuellement main-forte, les relevant s'ils étaient désarçonnés, leur amenant une nouvelle monture, c'est là qu'ils apprenaient vraiment à se battre, s'habituant dans les péripéties du tournoi ou de la razzia à user toujours plus habilement des armes, et notamment du cheval.

Dans le monde chevaleresque, les chevaux étaient l'objet d'autant de considération, de souci, de convoitise, que le sont pour nous l'automobile de course ou la super-moto. Les plus riches seigneurs se disputaient les meilleurs; ils se ruinaient pour les acquérir et les marchands de chevaux comptaient parmi les hommes d'affaires les plus prospères. Si, dans le siècle qui précéda la naissance d'Arnoul, on s'était mis à édifier tant de forges et à les perfectionner, c'était d'abord pour ferrer les chevaux de guerre, et les cuirs les plus solides servaient à préparer de quoi les brider et les seller. Tout ce qui concernait la cavalerie tenait alors dans la vie quotidienne une place égale à celle, aujourd'hui, de l'atelier de mécanique, de la pompe à essence, du parking et de la contravention. Les paysans étaient contraints de livrer dans la forteresse voisine de leur village de grosses charges d'avoine et une bonne partie de la terre cultivée était ainsi consacrée au ravitaillement des écuries sei-

Pour garantir l'authenticité des actes officiels, on y appose le sceau royal. Sur celui-ci, le roi de France Philippe Auguste est représenté assis sur son trône, coiffé de la couronne, un sceptre et une fleur de lis à la main.

gneuriales. N'oublie pas que le moindre château, rassemblant comme celui d'Ardres une vingtaine de chevaliers, devait nourrir une centaine au moins de chevaux.

Chaque guerrier en effet devait en avoir cinq ou six à sa disposition. Car c'étaient d'abord des auxiliaires très fragiles. En cours de combat, il fallait presque toujours remplacer par un autre le cheval de guerre blessé, tué, capturé par l'ennemi, ou tout simplement à bout de forces. De plus, il existait entre les chevaux autant de différence qu'entre une voiture de sport et une camionnette. Selon leurs qualités, ils étaient employés à des tâches très diverses. Les moins bons, qu'on appelait « roncins », et les juments servaient à transporter les gens et les bagages. Seuls participaient à l'action militaire les étalons haut de gamme (les meilleurs, dits d'Espagne, provenaient des élevages arabes d'Andalousie), ceux qu'on nommait « destriers » parce qu'il convenait de les mener de la bonne main, la dextre, la main droite. Certains d'entre eux devenaient fameux pour leurs exploits ; on les connaissait dans les cours par leurs noms propres. Ne les imagine pas légers, élancés, comme les actuels chevaux de course, mais beaucoup plus trapus, solidement charpentés. Ils devaient pouvoir emporter au galop

Monté sur son destrier, le chevalier affronte l'ennemi à l'épée. Il est protégé par son haubert, son heaume et son écu. Mais les archers font des ravages. A la bataille d'Hastings, le roi Harold d'Angleterre reçoit une flèche dans l'œil et en meurt.

une centaine de kilos, le poids du cavalier et de son équipement. Autant que leur robustesse, on appréciait leur capacité de tenir bon sans s'affoler au milieu du tumulte militaire.

Les futurs chevaliers s'exerçaient donc à maîtriser les destriers et à en exploiter toutes les ressources. Enfants, ils avaient appris à les étriller, ils s'étaient accoutumés à les enfourcher. Entre quatorze et vingt ans, ils apprenaient à les utiliser au mieux. Or ce n'était pas rien que d'astreindre un cheval valeureux, fougueux, à dominer sa peur sur le champ de bataille, à ne pas broncher au moment décisif de l'affrontement, ni d'acquérir en selle la parfaite aisance de mouvement indispensable à qui devait manier la lance et l'épée tout en dirigeant sa monture. Former un guerrier rompu à la très difficile escrime à cheval demandait des années. Pour entraîner les écuyers, on leur donnait les chevaux les plus rétifs. Ils devaient les dompter en des sortes de rodéos sous l'œil des moniteurs, dans la cour du château. Ils sortaient de ces exercices couverts de plaies et de bosses, et les compétitions où les chevaliers rivalisaient de hardiesse pour gagner l'estime de leur patron n'allaient pas sans accidents graves, comme de nos jours les défis téméraires que se lancent entre eux les motards. Je le sais par les chroniques : beaucoup de jeunes y laissaient leur vie ; beaucoup d'autres, estropiés, éborgnés, perdaient toute chance d'être admis parmi les hommes de guerre ; souvent, comme les vieilles filles, ils finissaient leurs jours au monastère.

L'épée

Les bons destriers coûtaient très chers, les bonnes armes aussi. On en prenait le plus grand soin. Les écuyers passaient des heures à les affûter, à les fourbir pour les protéger de la rouille. Pourtant elles s'abîmaient. Désarticulées, cabossées après chaque escarmouche, il fallait les ajuster, les redresser. En outre, elles se démodaient rapidement. Le perfectionnement des manières de combattre et l'orgueil du chevalier soucieux de ne pas paraître devant ses camarades équipé d'armes vieillies

Ce garçon apprend à maîtriser les chevaux fougueux qu'il montera au combat. A la fois heureux et terrifié, il ne voit pas le regard envieux que lui jette un écuyer plus âgé, qu'une chute a rendu infirme.

obligeait de s'en procurer de nouvelles. On portait les anciennes à la fonte pour récupérer le métal. Ceci explique qu'il ne subsiste pratiquement plus d'armes du XIIe siècle. Celles que tu peux voir dans les musées sont plus récentes, ou beaucoup plus anciennes ; datant du très haut Moyen Age, de l'époque antérieure au christianisme où l'on enterrait les guerriers avec leur fourniment, elles ont été conservées dans les tombes. C'est donc essentiellement par des images, les illustrations des manuscrits ou les sculptures, que l'on peut se représenter l'armement que le jeune Arnoul apprit à utiliser.

L'épée trônait au centre de la panoplie du chevalier. Plus encore que le cheval et les éperons, elle était l'emblème de ses pouvoirs et de ses privilèges. Le glaive que portait Baudoin, le père d'Arnoul, ressemblait beaucoup à celui que portaient les Francs au temps de Clovis, les Vikings au temps de Charlemagne, tous les guerriers qui, au cours des siècles précédents, avaient triomphé, étendu leurs conquêtes grâce à ce bel outil. Il était si efficace que les princes musulmans les achetaient à tout prix et que la contrebande de ces épées était très active en dépit des mesures prises par les dirigeants de l'Église pour empêcher que ces armes soient vendues aux ennemis du Christ. Les procédés très savants qui donnaient au fer dont l'épée était faite sa souplesse et son mordant étaient en effet en usage depuis très longtemps en Europe du Nord, et sa forme, parfaitement adaptée au combat à pied, corps à corps, n'avait pas changé. L'épée avait été conçue pour, à coup d'« estoc », par la pointe, percer les protections de l'adversaire : à cet effet, elle était longue, d'un bon mètre ; elle avait été conçue pour, à coup de « taille », par le tranchant,

(suite page 42)

JOUTES DE CHEVALIERS

Voici comment le romancier Chrétien de Troyes raconte deux des combats de Lancelot. Un jour, Lancelot dînait chez un seigneur qui l'avait accueilli au passage. Un chevalier inconnu arriva et l'injuria. Lancelot releva le défi. « Avant de se lever de table, il demanda au garçon qui le servait de seller son cheval et de lui apporter ses armes. Lorsqu'il enfourcha le cheval et s'en alla au pas, armé de toutes ses armes, tenant son écu par les sangles, nul n'hésitait à le compter parmi les plus beaux et les plus preux. Celui qui lui avait demandé de jouter l'attendait au-dehors dans une lande. Aussitôt qu'ils sont en vue l'un de l'autre, ils se lancent à bride abattue et se rencontrent si violemment que les lances se plient et éclatent. Ils frappent alors de

l'épée contre l'écu, le heaume, le haubert, tranchent le bois, rompent le fer et se blessent en plusieurs endroits. Les épées glissent sur la croupe des chevaux et se teignent de sang, pénètrent dans les flancs des destriers qui s'abattent, morts. Les deux chevaliers, à peine à terre, se ruent à pied l'un vers l'autre. S'ils s'étaient haïs à mort, ils n'auraient pas joué de l'épée plus cruellement... Tout le monde était sorti de la maison. Le seigneur et les siens... s'étaient rangés sur la lande pour voir la mêlée. »

Voyant qu'on le regarde, Lancelot tremble de rage pour n'avoir pas encore vaincu. « Il redouble d'ardeur, passe à l'assaut comme une tempête, force l'adversaire à reculer et, se rappelant l'injure, passe derrière lui, rompt les courroies qui attachaient le heaume, fait voler celui-ci de la tête. Ainsi force-t-il l'autre à lui demander grâce. Alors survient une jeune fille, sans manteau ni coiffe, qui demande à Lancelot la tête du chevalier vaincu. "Tu ne commettras pas un péché, au contraire, car c'est l'être le plus déloyal qui ait jamais existé." Lancelot réfléchit... Il voudrait faire ce que l'un et l'autre lui demandent. Il hésite entre Largesse et Pitié. Jamais il n'a refusé la grâce, au moins une fois, à celui qu'il a terrassé, fût-il son pire ennemi. Il ne la refusera donc pas cette fois-ci. Mais s'il le peut, il donnera à la fille ce qu'elle demande. "Chevalier, dit-il, tu dois de nouveau combattre avec moi si tu veux sauver ta tête. Je te laisserai reprendre ton heaume et armer ton corps le mieux que tu pourras. Mais sache que tu mourras si je te vaincs de nouveau. — D'accord, dit l'autre. — Je te donne en plus cet avantage : je me battrai contre toi sans bouger du lieu où je suis." »

Lancelot remporte la victoire plus vite que la première fois. « Ne l'épargne pas, crie la jeune fille. Le vaincu demande grâce en vain. Lancelot coupe les lacets du heaume, les lui retire avec la coiffe. Il frappe, la tête vole parmi la lande et le corps tombe. La demoiselle est contente. Lancelot prend la tête par les cheveux et la lui tend. Elle en a grande joie. »

« Lancelot éperonne son cheval, revient en arrière à une portée d'arc. Puis il laisse courir les chevaux l'un vers l'autre. Ils se heurtent si fort que les écus sont transpercés, mais aucun d'eux n'est blessé dans sa chair. Ils se dépassent et aussitôt retournent à bride abattue se donner de grands coups sur leurs solides écus. Tous deux sont de preux chevaliers, forts, les chevaux le sont aussi. Les lances ne sont pas brisées. A travers les écus qu'ils ont au cou, elles ont atteint leur chair nue. Chacun réussit à désarçonner l'adversaire. Ni sangle ni étrier n'ont pu les empêcher de vider leur selle et de tomber en arrière. Les chevaux, effrayés, s'en vont de ci de là, l'un rue, l'autre mord, comme s'ils voulaient se tuer.

« Les chevaliers se sont relevés aussitôt, tirent leur épée sur quoi leur devise est gravée. Ils placent leur écu devant leur visage, ne pensent plus désormais qu'à frapper du tranchant d'acier de leur épée. Lancelot ne redoute rien. Il est deux fois plus fort en escrime que Méléagant, car il s'exerce depuis l'enfance. Ils s'assènent tous deux de grands coups sur les écus et sur les heaumes. Mais, Lancelot le presse fort et, d'un grand coup, tranche le bras couvert de fer que l'écu ne protège pas. Méléagant blessé et amputé ainsi de la main droite dit qu'il le fera payer cher. Fou de douleur et de rage, sachant qu'il ne s'en tirera pas s'il ne porte un mauvais coup à Lancelot, il se jette sur lui pour le prendre en défaut. Mais Lancelot est sur ses gardes. De son épée, il lui fait une telle blessure au ventre qu'il n'en pourrait guérir d'ici le mois d'avril ou mai. Il lui enfonce le nasal dans les dents et lui en casse trois. Méléagant a telle colère qu'il ne peut dire mot. Il ne daigne pas demander grâce. Son cœur orgueilleux l'en empêche. Lancelot vient, délace le heaume et lui tranche la tête. »

Les chevaliers aiment se battre et n'hésitent pas à se défier, pour le plaisir.

(suite de la page 39)

fendre le corps de l'adversaire, attaqué à la tête ou aux membres : à cet effet, elle était épaisse, lourde, de deux à trois kilos, et sa poignée assez haute pour qu'on puisse la prendre à deux mains pour frapper. Ces dispositions lui donnaient l'aspect d'une croix ce qui, pour des guerriers chrétiens, renforçait sa valeur symbolique. Souvent, les reliques d'un saint, enserrées dans le pommeau, la sacralisaient davantage, ajoutant à la puissance mystérieuse dont on la croyait dotée. Le chevalier traitait son épée comme une personne. Comme son destrier, comme son épouse, comme lui-même, elle portait un nom. Nous n'avons pas oublié que celle de Roland s'appelait Durandal, celle du roi Arthur Excalibur.

La lance

Cependant, dans les années où Arnoul d'Ardres achevait son éducation, l'arme offensive du cavalier n'était plus le glaive, mais la lance. De cette tige de bois dur terminée par un fer, on s'était longtemps servi comme d'un javelot, la projetant de loin sur la troupe ennemie pour la désorganiser avant de l'attaquer à l'épée. Mais il était apparu qu'il valait mieux foncer sur l'adversaire en gardant la lance en main, car sa force de pénétration, ne venant plus seulement de la vigueur de l'homme mais du poids de sa monture emportée par la charge, se trouvait considérablement accrue. Il la fallut plus épaisse pour ne pas éclater sous le choc, plus longue aussi, jusqu'à deux mètres et demi, ce qui la rendait plus difficile à manier. Mais on avait beaucoup plus de chance de percer l'armure du cavalier adverse ou de le désarçonner. Lorsque l'ennemi était en vue, le chevalier descendait du roncin qui l'avait transporté jusque-là; il enfourchait le destrier qu'un garçon avait amené par la bride; il prenait, des mains de l'écuyer affecté à son service, d'abord le bouclier qu'il ajustait à son bras gauche, puis la lance; il tenait celle-ci droite, verticale, tandis qu'il s'approchait au trot de l'équipe opposée.

L'épée est l'arme qui symbolise la chevalerie. Aux XVIIe et XVIIIe siècles, le port de l'épée sera l'apanage des nobles, qui se considèrent comme les successeurs des chevaliers du Moyen Age.

Une troupe de chevaliers en ordre de bataille s'avance, prête à affronter l'ennemi.

Lorsqu'il n'en était plus qu'à une trentaine de mètres, il éperonnait son cheval et se précipitait à toute vitesse, la lance solidement coincée sous son aisselle droite, couchée, pointée obliquement sur l'un des adversaires qu'il avait choisi et qu'il abordait par son flanc gauche.

Depuis un siècle, cette façon de jouter s'était propagée dans la France du Nord. Elle avait entraîné divers aménagements du harnois, obligeant notamment à élever les arçons de la selle afin de mieux assurer l'assise du cavalier. Celui-ci faisait corps désormais avec sa monture, dont la fonction prenait plus d'importance. Le cheval n'était plus simplement une sorte d'insigne distinctif affirmant la supériorité sociale; il ne servait plus principalement à surprendre la troupe ennemie, à la prendre à revers, à la disloquer, avant que les combattants ne mettent pied à terre pour s'escrimer les uns contre les autres. Vers 1175, lorsque Arnoul s'entraînait, c'était la charge au grand galop d'un escadron de chevaliers soudés à leurs destriers qui décidait maintenant de l'issue d'un combat, la lance constituant la pointe de cette irrésistible force de frappe.

A se battre de cette façon, les chevaliers risquaient davantage. Pour mieux protéger

Le chevalier chrétien terrasse un dragon, emblème du démon.

Sur ce chapiteau, l'équipement du chevalier (heaume, haubert, bouclier, épée et lance) est représenté avec précision. A l'extrémité de la lance est fixé le gonfanon, un fanion aux armes du seigneur, qui permet de distinguer amis et ennemis.

leur corps, les trois pièces de leur équipement défensif, ces armes qu'Arnoul, avec ses camarades écuyers, astiquaient et portaient pendant les marches d'approche, s'étaient renforcées et alourdies : elles pesaient maintenant une trentaine de kilos. Après s'être revêtu d'un épais rembourrage destiné à amortir les coups et à atténuer les frottements du métal, le guerrier enfilait le « haubert », une chemise de mailles métalliques. Jadis n'enveloppant que le torse, elle s'était allongée et avait pris l'allure d'une robe fendue jusqu'à mi-cuisse et serrée par la ceinture; on commençait à lui adjoindre des manches, des jambières, des moufles, une capuche, enserrant le cou et le crâne. Ainsi couvert de fer des pieds à la tête, le guerrier pour ne pas mourir de chaleur endossait un survêtement de toile, la « cotte d'armes ». Au dernier moment, juste avant d'affronter l'ennemi, son écuyer le coiffait d'un casque, le

Les différentes scènes de la tapisserie de Bayeux portent des légendes, comme une bande dessinée actuelle. Mais elles sont rédigées en latin.

« heaume », qu'il attachait au haubert par des lacets passés dans les anneaux. La plupart des heaumes étaient encore des calottes de métal, en forme de cône, prolongées sur le devant du visage par une plaque rectangulaire, le « nasal ». Mais ils se perfectionnaient rapidement, comme l'a fait en quelques années le casque des motards, devenu petit à petit « intégral » ; au temps de la jeunesse d'Arnoul, on en voyait déjà enfermant complètement la tête dans une sorte de boîte percée seulement d'une mince ouverture pour le regard. Le jouteur enfin s'abritait derrière son bouclier, l'écu. Ce triangle de bois incurvé, assez ample, pour protéger tout le corps, assez épais pour résister aux coups de lance, était la pièce la plus lourde et la plus encombrante de l'armure. Tel était l'attirail qui devait être remis solennellement à Arnoul lorsqu'il aurait démontré qu'il était capable de l'employer.

L'éducation du cœur

Il devait pour cela exercer son corps, mais il lui fallait aussi dresser un plan, calculer des risques, et puis, lorsqu'il serait chevalier, il n'aurait pas toujours à combattre; à la cour de son seigneur, il devrait faire bonne figure, se tenir convenablement, donner des conseils judicieux, parler agréablement de choses plaisantes ou sérieuses, être gai, en un mot aimable. Aux exercices du corps s'ajoutaient donc nécessairement ceux de l'esprit et du cœur. Les premiers se poursuivaient principalement au dehors, en plein vent; les seconds, principalement dans la salle, à l'intérieur de la demeure. Le chef de cette demeure les dirigeait eux aussi. Sa cour était une école, il en était le maître.

Sa femme l'aidait, ainsi que les prêtres de la maison, qui rappelaient de temps à autre que le bon chevalier doit user de ses armes pour la bonne cause. Ces hommes savaient lire, le patron généralement non. Le comte Baudoin était illettré. Toutefois, dans son château de Guînes, il possédait des livres et s'en glorifiait. A ceux dont se servaient les chapelains pour dire la messe et chanter les psaumes s'ajoutaient des ouvrages de morale chrétienne, d'autres également traitant des secrets de la nature ou racontant des histoires. Ces derniers étaient écrits en roman, le langage, ancêtre du français actuel, que l'on employait à la cour du roi et dans celle de tous les princes de la France du Nord. Cependant, la plupart des livres, comme celui que Lambert devait écrire plus tard à la louange d'Arnoul et de sa famille, parlaient la langue des savants et des prêtres, le latin.

Les livres

Écrits à la main, lentement, soigneusement, sur de belles feuilles de parchemin, les livres étaient très précieux, très coûteux et la collection du comte Baudoin modeste. Mais il l'enrichissait, envoyant copier tel ouvrage dans un monastère voisin, attirant chez lui tel homme savant qui passait dans le voisinage, le retenant quelque temps, le soignant bien, lui demandant, en échange de l'hospitalité, de confectionner pour lui un nouveau livre. Le

Troubadours, jongleurs, musiciens, dresseurs d'animaux, saltimbanques de toutes sortes vont de château en château. Ils y donnent des spectacles qui divertissent le seigneur, les dames et les chevaliers.

Un jongleur quitte un château. Il est sans doute renommé et bien payé, puisqu'il se déplace à cheval.

soir, il ordonnait d'en prendre un et d'en lire quelques pages. En ce temps-là, lire un livre c'était un peu comme aujourd'hui assister, dans une salle de spectacle ou devant la télévision, à la représentation d'une pièce de théâtre. Toute la maisonnée se rassemblait autour d'un interprète, le plus souvent un homme d'Église. On le regardait, on l'écoutait traduire le latin en roman et déclamer, très lentement, pour être compris et suivi. De temps en temps, le patron l'interrompait, demandait des explications, présentait des objections. Une discussion s'engageait. Dans de tels débats, le comte Baudoin était, paraît-il, admirable. Sa mémoire passait pour prodigieuse. Il conservait en tête une bonne part du contenu de sa bibliothèque, outre ce que lui avaient raconté ses hôtes de passage et ce qu'il avait entendu dans les cours princières qu'il fréquentait.

D'autres fois, il accueillait chez lui des jongleurs. Le métier de ces hommes consistait à divertir la noblesse. Acrobates, danseurs, musiciens, ces saltimbanques colportaient de château en château les poèmes que de grands écrivains avaient composés pour les plus hauts seigneurs. Les jongleurs non plus ne savaient pas lire et gardaient ces textes en dépôt dans leur mémoire. Les paroles en étaient chantées, ce qui aidait à s'en souvenir, et quand ils les récitaient, c'était sur un accompagnement musical. La chanson et la danse, ne l'oublie pas, rythmaient la vie des chevaliers comme aujourd'hui celle des populations d'Afrique noire. Chantant et dansant, les membres de la maisonnée, du groupe de combat, de la paroisse se sentaient plus étroitement unis, et la musique servait à transmettre le savoir.

Arnoul apprit ainsi beaucoup de choses à la cour du comte de Flandre, mais il n'apprit pas à lire. Plus tard, quand le mauvais temps l'empêchait de chevaucher par les champs et par les landes, quand il s'ennuyait, il ne prenait pas un livre, il demandait à ses compagnons de raconter des histoires. Chacun avait son répertoire. L'un, Robert de Coutances, disait les aventures des empereurs romains et du roi Arthur, un autre, Philippe de Montgardin, celle des croisés ; Gautier du Clud, lui, conservait le souvenir de ce qui s'était passé jadis dans la maison d'Arnoul et dans le pays. Ils parlaient à tour de rôle. Leurs paroles, comme celles que chantaient les jongleurs, comme celles des livres que les prêtres lisaient certains soirs, mettaient en scène des personnages admirables. Dans les faits et gestes de ces héros s'incarnait la morale de la chevalerie. En écoutant leurs exploits, les adolescents rêvaient de les imiter lorsqu'ils auraient reçu les armes, et d'égaler leurs vertus.

Les vertus chevaleresques

Au printemps de l'année 1219, le roi Philippe Auguste achevait de déjeuner au milieu de ses amis. Un messager survint annonçant la mort de Guillaume le Maréchal. « Je n'ai pas connu, dit le roi, un chevalier plus loyal. » Il y avait là Guillaume des Barres, camarade d'enfance de Philippe, grand expert dans l'art de la guerre. A son avis, dit-il, personne, de son temps, ne s'était montré plus preux que le Maréchal, meilleur connaisseur dans le métier des armes, et Jean de Rouvray ajouta : « Sire, je juge que ce fut le plus sage des chevaliers. » Trois mots, loyauté, prouesse et sagesse, résument les valeurs de la chevalerie.

La loyauté

Le chevalier est d'abord un combattant, la guerre est un sport d'équipe, le chevalier doit donc avant toute chose être vrai, droit, loyal. En effet, pour traquer un ennemi comme un cerf dans la forêt, il faut pouvoir compter sur ses compagnons d'armes, être sûr qu'aucun d'eux ne flanchera, ne s'enfuira au milieu de la mêlée, ne s'en ira de son côté poursuivre une autre proie, ne tournera pas casaque, ne passera pas dans l'autre camp. Le premier devoir du chevalier est donc de tenir parole. S'il rompt la foi qu'il a jurée, c'en est fait de sa réputation. On le montrera du doigt, il se retirera couvert de honte, rejeté de la compagnie des preux. En toutes circonstances, il lui faut se montrer fidèle envers tous les hommes auxquels il est lié, par le sang ou par le serment. La chevalerie est une fraternité dont tous les membres s'entraident, vaillamment.

Isolé, chaque chevalier est un homme dangereux. Armé de pied en cap, formé pour l'agression, fier de son indépendance, n'admettant pas d'être châtié comme le sont les manants, les sujets de la seigneurie, le seul moyen de contenir sa turbulence, son avidité, de l'empêcher de nuire, de le contraindre à coopérer au bon ordre général est de l'emprisonner dans un réseau d'obligations morales envers sa parenté, envers ses camarades de combat, envers le seigneur à qui il a fait hommage. Il faut lui répéter sans cesse que le pire défaut est la félonie, la rupture de ces engagements multiples qui l'enserrent. La paix repose sur la loyauté. C'est la vertu chevaleresque majeure. Tous les héros des épopées qu'Arnoul entendit chanter, des romans dont il écouta la lecture, tous les ancêtres dont

Des chevaliers partent pour la croisade. Pour le montrer, ils ont cousu une croix sur la tunique qu'ils portent afin de se protéger de la chaleur par-dessus le haubert.

on lui montra l'exemple avaient su résister à leurs mauvais penchants, se sacrifier, offrir leur vie parfois plutôt que de trahir. Et lorsqu'il entendait un jongleur évoquer Ganelon, pactisant avec les mécréants pour perdre Roland qu'il jalousait, bouillant d'indignation, il criait vengeance contre le traître.

Par le mot « prouesse », on désignait l'ensemble des qualités physiques et morales qui font la vaillance d'un guerrier, ces qualités que les garçons s'efforçaient d'acquérir au cours du long dressage qu'ils subissaient durant leur adolescence. Passait en premier la vigueur musculaire permettant d'approcher des fabuleuses performances attribuées à Guillaume d'Orange et à ses compagnons, que les chansons de geste montraient, du haut de leur cheval, du sang jusqu'au poitrail, fendant en deux d'un seul coup d'épée un Sarrasin depuis le heaume jusqu'au bas du haubert. Mais la force d'âme ne comptait pas moins, le courage du chevalier bondissant au galop contre les lances ennemies ou partant braver les périls mystérieux, plus redoutables, de la lande peuplée de dragons, de fées ou d'enchanteurs. Les jeunes gens savaient qu'il leur faudrait affronter la mort aussi fermement que Roland, qu'ils seraient appelés peut-être, comme lui, à briser leur épée devenue inutile afin qu'elle ne tombe pas entre des mains indignes, avant de rendre l'âme, tout seuls, au milieu des cadavres, en la recommandant à Dieu.

MORT DE ROLAND

L'auteur inconnu de *la chanson de Roland* décrit ainsi la mort du héros.

Roland blessé s'est évanoui. Un Sarrasin très beau, fort et courageux, qui faisait le mort parmi les autres, s'approche de lui : « Roland sent qu'on lui enlève son épée. Il ouvre les yeux et dit : "Je crois bien que tu n'es pas des nôtres." Il prend son cor dont il ne se sépare pas, lui en donne un coup sur son heaume doré. Il fracasse à la fois l'acier, la tête et les os. Il fait jaillir les deux yeux hors de la tête et le renverse mort à ses pieds. » Roland sent qu'il perd la vue. « Il se met debout, rassemblant toutes ses forces. Son visage a perdu sa couleur. Il frappe de colère de dix coups d'épée la roche grise devant lui. L'acier grince, sans se briser ni s'ébrécher. "Ah, dit le comte, Notre-Dame aide-moi ! Ah, Durandal, ma bonne, quel malheur pour vous ! Je suis perdu, je ne peux plus m'occuper de vous. Grâce à vous, j'ai vaincu en tant de batailles et conquis tant de larges terres que tient Charles dont la barbe est blanche. Qu'aucun homme, qui ait fui devant un autre, ne vous ait, vous, qu'un bon vassal a longtemps tenue !" »... Roland comprend qu'il ne pourra jamais la briser... « Il sent que la mort le pénètre et depuis la tête lui descend vers le cœur. Il a couru sous un pin, s'est couché sur l'herbe verte. Il a mis sous lui l'épée et le cor. Il a tourné la tête du côté des païens. Il a fait ainsi afin que Charles et les siens disent que le noble comte est mort en conquérant. »

La mesure

Aux côtés de Roland le Preux se tenait, comme en garde-fou, Olivier le Sage, et, dans la personne de Guillaume le Maréchal, les amis de Philippe Auguste célébraient l'équilibre entre prouesse et sagesse. Cette seconde valeur venait en nécessaire complément de la première. Sans elle, la chevalerie eût basculé dans la violence et le désordre. On enseignait donc aux écuyers à réprimer les excès de leur colère, de leur envie, de la haine, de la cupidité, à rester maîtres d'eux-mêmes dans le feu de l'action, à garder la mesure, comme à parler à leur tour, à céder le pas aux plus âgés, à respecter les convenances. La pratique du jeu

Quand ils ne peuvent ni se battre ni chasser, les chevaliers se distraient en jouant à des jeux. Celui-ci, où l'on utilise dés et pions, est sans doute l'ancêtre du trictrac ou du jacquet.

L'abbaye de Senanque, dans le Vaucluse, a été fondée en 1148. Seuls les bâtiments couverts de pierres grises, ou lauzes, datent du XIIe siècle. Ceux dont le toit est fait de tuiles roses sont du XVIIIe siècle.

d'échecs prenait place ici comme un utile exercice d'agilité intellectuelle et de réflexion calme. L'apprentissage de la sagesse conduisait enfin à cultiver les deux qualités supplémentaires dont les héros de légende montraient l'exemple aux futurs chevaliers, la « largesse » et la « courtoisie ».

Aux approches de 1180, et c'était vrai particulièrement dans les villes où le comte de Flandre, le patron d'Arnoul, tenait sa cour, l'argent circulait de plus en plus et c'était une révolution qui dérangeait l'ordre des choses. Les hommes de guerre jugeaient scandaleux que des paysans puissent s'enrichir par le commerce et acquérir, grâce aux deniers accumulés dans leurs coffres, plus de puissance et de crédit qu'eux auprès du prince. Ils se sentaient menacés dans leurs privilèges. Naguère, dans un monde rural où les fortunes étaient stables, leur supériorité leur paraissait inébranlable. Elle était ébranlée. La chevalerie se défendit. Non pas en rivalisant avec les

marchands, en épargnant comme eux l'argent, mais au contraire en proclamant l'épargne méprisable, indigne de l'homme bien né, en enseignant à celui-ci à ne rien garder dans ses mains, à dépenser sans compter.

Largesse et courtoisie

Le vrai noble se reconnaissait donc à ses largesses, à sa prodigalité. La morale de l'ordre que formaient les chevaliers imposait de ne pas s'attacher aux richesses. Sur ce point, elle s'accordait à la morale d'un autre ordre, celui des moines de Cîteaux, qui, à la fin du XIIe siècle, connaissait un prodigieux succès. Ces religieux vivaient pauvres dans leur abbaye solitaire. Séduits par l'idéal de renoncement, beaucoup de chevaliers allaient les rejoindre. Certains cherchaient plus encore de perfection, s'enfonçant dans les bois pour y vivre en ermites. Mais sans aller si loin, les hommes de guerre qui n'abandonnaient pas leur métier et continuaient à chevaucher par le monde se sentaient tous obligés de se défaire des pièces d'argent aussitôt qu'elles tombaient dans leur escarcelle. Ils les répandaient et les distribuaient autour d'eux dans la joie. Ici encore, Guillaume le Maréchal paraissait un modèle. Invincible, il gagnait gros en capturant d'autres chevaliers, en les obligeant à lui payer une rançon. Mais tout l'argent qui lui venait, il le donnait à ses amis pour qu'ils fassent avec lui la fête, et ne refusait jamais l'aide de sa bourse aux pauvres chevaliers mal équipés ou malchanceux.

Depuis quelque temps enfin, on exigeait de la chevalerie une vertu nouvelle, la courtoisie. Lorsqu'ils quittaient le champ de bataille pour la cour, les chevaliers devaient s'y bien tenir, se montrer « courtois », et notamment envers les femmes nobles qui, depuis la chambre, venaient de temps à autre les rejoindre dans la grande salle. Les écuyers étaient donc invités à imiter les manières de Tristan, de Lancelot, d'Yvain, des chevaliers de la Table Ronde. Tous ces personnages de roman étaient attachés à une dame et ils s'efforçaient de s'en faire aimer. Ils étalaient devant ses yeux leur prouesse, ils la servaient fidèlement, loyalement, comme le vassal sert son seigneur, et affrontaient les plus grands dangers pour la protéger ou l'éblouir. Les écuyers s'appliquaient d'abord à plaire à l'épouse de leur patron. Cette femme était chargée de leur apprendre les bonnes manières. Ils s'exerçaient à chanter, à danser gracieusement, à s'attirer ainsi l'estime et les bonnes grâces des dames et des demoiselles. Lorsqu'ils seraient chevaliers, leur habileté dans ces jeux ajouterait à leur valeur, à leur gloire, et marquerait nettement leur distance à l'égard des « vilains », des paysans et des bourgeois enrichis.

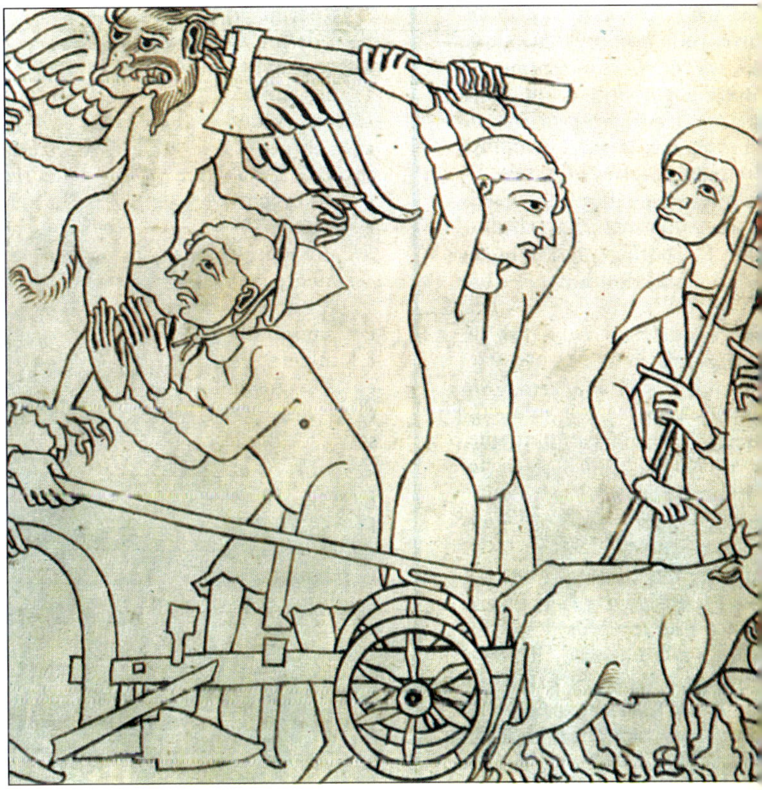

Au cours du XIIe siècle, l'agriculture fait des progrès. La charrue se perfectionne. Son soc de métal éventre la terre, qui est rejetée sur les côtés par le versoir. Grâce à ses roues, elle est plus aisée à manier. Les paysans peuvent labourer de plus vastes étendues de terres.

l'Aventure

L'ADOUBEMENT

Une date restait gravée dans la mémoire de tous les chevaliers, dans celle de Guillaume le Maréchal comme cent ans plus tôt dans celle du comte d'Anjou, Fouques Réchin, la date de leur entrée dans la chevalerie. Ç'avait été le plus beau jour de leur vie. Le 24 mai 1181, jour de la Pentecôte, Arnoul fut donc « adoubé ». Adouber est un vieux mot français qui veut dire équiper. Ce dimanche, Arnoul reçut l'équipement du chevalier. Il avait une vingtaine d'années. Ses enfances étaient terminées. On l'avait remarqué dans les rencontres sportives pour sa vaillance, sa largesse et sa bonne humeur. Il était admis en grande pompe dans la compagnie des adultes.

Normalement, la cérémonie avait lieu dans la maison où le jeune homme terminait son apprentissage. Le chef de cette maison lui remettait les armes. C'était son devoir. C'était aussi son droit et il y tenait beaucoup. Pourtant la charge était lourde. Il devait fournir le destrier, les éperons, l'épée, le manteau, organiser la fête. Tout cela coûtait très cher. Mais il était largement payé en retour car le « chevalier nouveau », comme on disait, lui resterait toute la vie attaché, aussi étroitement qu'un filleul à son parrain de baptême. En adoubant les garçons qu'il avait nourris et éduqués, il accroissait le nombre de ses fidèles, il étendait son prestige et son pouvoir.

La grande aventure, c'est la croisade! Des chevaliers débarquent en Orient après un long et dangereux voyage. Au XIIIe siècle, ils effectuent la plus grande partie du trajet en bateau, car le voyage est plus court et la mer plus sûre que la route terrestre. Il leur reste à gagner la Terre sainte, où les États chrétiens créés lors de la 1re croisade tentent de résister à la reconquête musulmane. Mais les cavaliers de l'Islam sont animés d'une foi aussi fervente que celle des chevaliers chrétiens et combattent avec le même courage. Villes, forteresses, châteaux sont sans cesse assiégés, conquis, abandonnés, repris.

La chevalerie

Philippe, comte de Flandre, s'apprêtait donc à armer chevalier Arnoul. Arnoul lui demanda la permission de se faire armer par son père. Il voulait, disait-il, lui faire ce plaisir, et c'est vrai que les pères aimaient conférer la chevalerie à l'aîné de leurs fils. Baudoin le souhaitait vivement, car c'était un moyen pour lui, comte de Guînes, vassal du comte de Flandre, de souligner son indépendance à l'égard de son seigneur. Déjà, vingt ans plus tôt, lorsque lui-même allait être adoubé, on s'était arrangé pour qu'il ne soit pas armé par le seigneur du fief dont il hériterait plus tard. Ses parents profitèrent du passage dans la région de l'archevêque de Canterbury. Ce parrain était un très puissant personnage mais lointain. Son autorité ne serait pas gênante.

Le comte Baudoin convoqua donc sa cour à Guînes pour la prochaine Pentecôte. On choisissait généralement ce jour-là pour procéder aux adoubements. C'était la fête du printemps et l'on célébrait la descente du Saint-Esprit sur la terre. Tous les frères d'Arnoul revinrent pour la circonstance dans la maison paternelle

voir leur père administrer à l'aîné ce qu'on appelait les « sacrements militaires ». De fait, il s'agissait là d'un rite très grave. Le garçon changeait de vie comme il l'avait fait lors de son baptême, comme il le ferait lors de son mariage et peut-être encore à la fin de ses jours s'il décidait de se faire moine dans une abbaye.

Le chevalier est un guerrier chrétien. Ces deux caractéristiques apparaissent nettement sur cette sculpture de la cathédrale de Reims. Un chevalier en tenue de guerre, revêtu de son haubert et l'épée au côté, reçoit la communion des mains d'un prêtre.

Comme au moment de ces autres passages, il prenait des engagements solennels, et le sacré forcément s'y trouvait mêlé. Depuis longtemps, les prêtres réclamaient de diriger la cérémonie de l'adoubement, comme celle du mariage. En 1180, dans certaines régions, ils l'avaient déjà prise en main. On voyait de plus en plus souvent l'aspirant chevalier se préparer la veille du grand jour par un bain rituel qui, symboliquement, le purifiait de ses fautes, le dépouillait de ce qu'il traînait sur lui de son existence passée et dont il lui fallait se défaire ;

Aliénor d'Aquitaine a été inhumée à l'abbaye de Fontevrault, ainsi que son second mari, Henri II Plantagenêt et leur fils Richard Ier Cœur de Lion, tous deux rois d'Angleterre. Il est d'usage de placer sur les tombeaux des gisants *l'image des défunts étendus sur leur lit de mort. Comme de nombreuses sculptures de l'époque, les gisants sont peints. La reine Aliénor a été représentée en train de prier, en lisant un livre.*

on le voyait passer la nuit en prière dans la chapelle, prendre le lendemain sur l'autel l'épée bénite et recevoir lui-même la bénédiction. Le rite devenait ainsi une sorte de sacre. Et comme le roi de France le faisait à Reims, le chevalier nouveau prêtait serment d'utiliser l'arme qui lui était remise pour le service de Dieu et pour la protection des faibles, c'est-à-dire des gens d'Église, des veuves, des orphelins et de tous les pauvres.

Ainsi venait s'attacher à la chevalerie une valeur nouvelle et fondamentale. Ce qu'il y avait d'égoïsme et d'arrogance dans l'idéal primitif, la fierté d'être le plus fort, le plaisir de jeter l'argent par les fenêtres et de courtiser les dames, se trouvaient corrigés par le devoir solennellement consenti de ne pas faire mauvais usage de sa puissance et de se dévouer pour ceux qui ne pouvaient se défendre eux-mêmes. Sanctifier l'adoubement, le placer sous le contrôle de l'autorité divine dressait des bornes aux débordements d'agressivité

(suite page 62)

LA REMISE DES ARMES AVANT LE MARIAGE

Geoffroi Plantagenêt, comte d'Anjou, était le père du roi Henri II d'Angleterre, celui qui repose dans l'abbaye de Fontevraud auprès de sa femme Aliénor d'Aquitaine, et de son fils et successeur, Richard Cœur de Lion. Geoffroi, lui, fut enterré dans la cathédrale du Mans et sa tombe recouverte d'une plaque d'émail superbe, qui le montre tenant l'épée, emblème de sa puissance. Sa vie fut écrite à Tours vers 1180 par un moine, Jean de Marmoutiers. Voici comment est raconté son adoubement et son mariage.

Henri Ier d'Angleterre, duc de Normandie, cherchait un mari pour sa fille unique, Mathilde, veuve de l'empereur Henri, roi d'Allemagne. Le renom de Geoffroi, alors âgé de quinze ans, parvint à ses oreilles. Il savait déjà qu'il était de bonne race, issu d'ancêtres de grande vertu, de bonnes mœurs et vaillant dans les armes. Il envoya des messagers au père de Geoffroi. « Celui-ci reçut favorablement sa demande. On convint que son fils, qui n'était pas encore chevalier, irait à Rouen à la Pentecôte prochaine pour y recevoir les armes avec les compagnons du même âge.

Geoffroi partit accompagné de cinq barons et de vingt-cinq camarades. Averti de leur arrivée, le roi envoya au-devant d'eux quelques-uns de ses familiers les plus nobles pour l'accueillir et l'escorter jusqu'à sa maison. Lorsqu'ils entrèrent dans la cour, devant la salle royale, le roi qui ne se levait devant personne, se leva, s'en vint à la rencontre de Geoffroi, le prit dans ses bras, le couvrit de doux baisers comme s'il était son fils, le prit par la main et le fit asseoir. Puis il commença un long discours, car il voulait voir par ce que répondrait Geoffroi si celui-ci était bien éduqué. Geoffroi, sagement, écouta attentivement ses paroles, et reprit sur le même ton, décorant ses phrases de tous les ornements de la rhétorique. Le roi fut dans l'admiration, se réjouit de son beau langage, et tout le jour se passa dans la joie.

Le lendemain à l'aube, Geoffroi se prépara à la cérémonie par un bain. Lorsque les chambriers dirent au roi que les garçons d'Anjou remontaient de la piscine, celui-ci les fit appeler. Son corps lavé, Geoffroi revêtit sur sa peau une chemise de toile, par-dessus une cotte brodée d'or, enfin un manteau teint de pourpre. Il enfila des bas de soie et chaussa des souliers décorés de petits léopards d'or. Tous ses camarades qui attendaient de recevoir avec lui la dignité de chevalier se vêtirent aussi de toile pourpre. Tous alors se montrèrent en public.

Les chevaux sont amenés, des armes distribuées, chacun reçoit ce qui lui convient. Pour Geoffroi était préparé un superbe cheval d'Espagne, plus rapide disait-on que bien des oiseaux. Il revêt un haubert sans pareil, tissé à double maille, si épais qu'il passait pour ne pouvoir être percé par la lance ou le javelot. Il enfile des bas de fer eux aussi à double maille ; les éperons d'or sont fixés à ses pieds ; on suspend à son cou un écu sur quoi étaient peints des léopards d'or (c'étaient les armoiries des comtes d'Anjou et ce sont encore aujourd'hui celles des rois d'Angleterre, descendants du

Cette plaque d'émail représente Geoffroi V Plantagenêt (1113-1151) comte d'Anjou, de Tours et du Maine, dont les descendants régneront sur l'Angleterre jusqu'en 1485. Ses armes — des lions d'or sur champ d'azur — sont peintes sur son écu et son heaume : les chevaliers ont adopté cette coutume qui permet, lors d'un combat, de reconnaître amis et ennemis.

roi Geoffroi Plantagenêt). Autour de sa tête est placé un heaume brillant de pierres précieuses et de telle qualité que l'épée ne peut ni le fendre ni le fausser. On lui apporte une lance de frêne dont la pointe est en fer de Poitou. Enfin, on sort pour lui du trésor royal où elle était gardée depuis longtemps l'épée. C'est l'œuvre de Véland lui-même, le plus fameux des forgerons. Ainsi armé, notre héros, la fleur de la chevalerie nouvelle, enfourche avec une admirable aisance le cheval. Que dire de plus ? Ce jour, consacré à l'honneur des preux et à la joie, se passa tout entier en jeux militaires et ces réjouissances se prolongèrent sept jours durant autour du roi.

Il était prévu que les noces auraient lieu le dimanche après la Pentecôte (le 17 juin 1128) au Mans. Le comte d'Anjou s'y rendit. Le roi Henri aussi, avec Geoffroi et sa fille. De toutes parts étaient accourus archevêques, évêques, abbés et gens d'Église pour la célébration du contrat nuptial. La fille du roi fut remise au fils du comte. Les évêques furent témoins de leur consentement mutuel. Toute la force et les effets du mariage résident en effet dans le consentement. Ils consentirent l'un et l'autre et se promirent fidélité. On célébra la messe, puis la bénédiction nuptiale, parmi les cris de joie des clercs et les danses du peuple. On donna l'ordre à tout le monde, aux indigènes et aux étrangers, aux riches et aux pauvres, aux nobles et aux roturiers, aux chevaliers et aux paysans, de s'associer à la joie du roi. Pour le repas de noces, on servit aux femmes et aux hommes des plats de toutes sortes. Les festivités se prolongèrent pendant trois semaines et aucun des chevaliers ne s'en retourna les mains vides.

Le roi, après avoir baisé son gendre et sa fille, se retira. Le comte emmena le couple avec lui à Angers. A leur approche, toutes les cloches sonnèrent, les façades se couvrirent de tentures, et le clergé s'avança en procession avec les cierges et les croix. Lorsque le nouveau seigneur et la nouvelle dame firent leur entrée, tout le monde, clercs et laïcs, dansaient. »

Arc-bouté sur ses étriers pour mieux résister au choc qui l'attend, ce chevalier se lance à l'assaut de son adversaire.

Lors de l'adoubement, le nouveau chevalier reçoit ses armes : dont la lourde épée à double tranchant, qui ne le quittera plus.

(suite de la page 59)

des hommes de guerre, aidait à s'approcher du modèle que, cent cinquante ans plus tôt, les évêques et les assemblées pour la paix de Dieu avaient tenté de mettre en place, interdisant aux chevaliers de molester le peuple chrétien et leur imposant de placer leurs armes au service des hommes de prière et des travailleurs.

Le récit de ce qui se passa le 24 mai 1181 est écrit par un prêtre. Pourtant, il ne fait aucune place à la religion dans la cérémonie. Elle reste purement profane. Les rites de sacralisation qui se répandaient ces années-là n'avaient pas encore pénétré à Guînes. Le seul geste qui soit mentionné et qui est présenté comme le geste essentiel par lequel le « sacrement » est administré, est la « colée ». L'adoubeur frappait violemment de la paume droite le cou de l'adoubé. Un geste analogue intervient dans le sacrement chrétien de la confirmation, et la colée avait sans doute une signification semblable. C'était une épreuve symbolique. Elle vérifiait que le jeune homme était mûr pour figurer parmi les adultes, de taille à tenir droit dans les coups durs et parfaitement maître de lui, capable de recevoir sans broncher cette gifle, la seule que, sa vie durant, un homme de qualité pouvait accepter sans la rendre. Peut-être croyait-on aussi qu'une sorte d'influx magique passait de la main du comte Baudoin, chevalier, dans le corps d'Arnoul qui ne l'était pas encore et qui par ce contact brutal le devenait.

A la colée succédait la remise des armes. Baudoin ceignit son fils du baudrier à quoi l'épée était attachée et fixa les éperons à ses pieds. Alors commença la fête, joyeuse. Elle débuta par une sorte de fantasia. Le chevalier nouveau démontra devant tous son habileté dans l'escrime à cheval, en renversant d'un seul coup de lance des mannequins qu'on appelait « quintaines ». D'autres le firent après lui. En effet, il n'était pas seul à entrer en chevalerie. Comme d'habitude, d'autres garçons recevaient en même temps que lui leur équipement. Le comte Baudoin fit ce jour-là trois autres chevaliers. Deux de ces garçons avaient été éduqués chez lui et par lui. Le troisième, Eustache de Salperwick, était venu de la cour de Flandre avec Arnoul dont il était l'ami intime. En effet, comme Roland et Olivier, inséparables, les chevaliers allaient d'ordinaire par couples à travers le monde.

On fit bombance toute la journée. Le père d'Arnoul n'avait rien épargné pour que la joie règne. Quant à Arnoul, manifestant sa largesse, il distribua toutes les pièces d'argent qu'il possédait entre les trouvères, ménestrels,

L'Église tend à jouer un rôle de plus en plus grand dans la cérémonie de l'adoubement. En présence de son parrain, le nouveau chevalier jure sur l'Évangile de respecter les règles de la chevalerie, de défendre l'Église et de protéger les faibles.

jongleurs, bouffons, accourus pour la fête, afin qu'ils s'en aillent chanter ses louanges dans toute la contrée. Le lendemain, il se rendit de Guînes à Ardres, le château où il était né. Il appartenait à sa mère, morte quatre ans auparavant. Il en était l'héritier. Chevalier, l'épée en main, il était maintenant capable d'en prendre possession et son père devait le lui céder. Il fut reçu en seigneur dans l'église et dans la demeure, au son des cloches, des hymnes que chantaient les prêtres et des acclamations du peuple. En fait, il n'y resta pas. L'usage imposait au parrain de chevalerie de fournir au nouvel adoubé le moyen de courir les tournois pendant deux ans, afin de répandre le renom de la maison dont il sortait et dont il portait les couleurs, peintes sur son écu et brodées sur sa cotte d'armes. C'est ainsi que les jeunes chevaliers « erraient », comme les héros de romans, chevauchant de pays en pays. Nul ne pouvait leur refuser l'hospitalité. Ils étaient sûrs d'être accueillis chaque soir par un gentilhomme et agréablement soignés par les filles de leur hôte.

Arnoul s'en alla à la tête d'une petite bande. Son ami Eustache l'accompagnait, et quelques jeunes des environs s'étaient joints à eux. Baudoin se méfiait, il craignait que son fils n'aille gaspiller la provision d'argent qu'il lui remettait pour son errance. Sur l'avis de son seigneur le comte de Flandre, il confia Arnoul à un vieux chevalier, connu pour sa prudence et pour son expertise. Cet homme devait surveiller de près le jeune guerrier et, par ses conseils, l'aider à améliorer encore ses qualités sportives. Mais ne pouvant s'en occuper lui-même, il se fit remplacer par l'un de ses neveux dont il croyait qu'il serait un bon moniteur. Or, c'était un écervelé. Laissé à lui-même, Arnoul ne retint de son éducation chevaleresque que ce qui pouvait satisfaire sa vanité et son goût du plaisir. Indocile et turbulent, il vagabonda durant des années de province en province, vivant d'expédients, à la poursuite de la gloire, à l'affût de toute occasion de briller dans les armes.

L'HOSPITALITÉ

Une étape de l'errance du chevalier, selon Chrétien de Troyes.

« Un soir, Lancelot vit un chevalier qui revenait du bois où il avait chassé, le heaume lacé, sur un grand cheval de chasse, avec le gibier que Dieu lui avait donné. Ce chevalier vint à sa rencontre et le pria de s'arrêter chez lui : “Sire, fit-il, la nuit approche, c'est le moment de trouver à se loger. Ma maison est tout près et je vous y mènerai. Jamais personne ne vous a hébergé mieux que je ne le ferai, et j'en serai heureux. — J'en serai heureux moi-même, répondit Lancelot.” Le chevalier envoya son fils en avant pour préparer le logis et presser les cuisiniers. Lui-même et Lancelot, sans se presser, gagnèrent la maison. Le chevalier avait pour femme une dame très courtoise, cinq fils qu'il aimait beaucoup, dont deux étaient déjà chevaliers, et des filles, gracieuses et belles, qui n'étaient pas encore mariées... Il fit entrer Lancelot dans la cour. La dame vint à leur rencontre avec ses fils et ses filles. Tous se mettent à son service, le saluent et l'aident à descendre de sa monture. Ils l'honorent et se réjouissent avec lui. Quand ils l'eurent désarmé, l'une des deux filles de l'hôte retira son propre manteau et l'en revêtit. Je n'ai pas besoin de dire comme on le traita au souper. Après manger, on parla de bien des choses. Le chevalier commença par demander à son hôte qui il était et de quel pays il venait. »

LES TOURNOIS

Deux groupes de chevaliers s'affrontent dans un tournoi. Les lances heurtent si violemment les écus que certaines se brisent sous le choc. Les blessures graves, et même mortelles, ne sont pas rares.

La guerre était la raison d'être de la chevalerie. La guerre au XIIe siècle était permanente, comme elle l'est encore aujourd'hui entre les tribus les plus sauvages de la Nouvelle-Guinée ou de l'Amazonie. Les chevaliers passaient chaque été à combattre. Sans cesse un prétexte surgissait, une querelle entre deux seigneurs à propos d'un mariage ou d'une succession. L'un défiant l'autre allait l'insulter, lui jeter son gant au visage. Pour venger son honneur, chacun rameutait ses parents, ses amis. Deux camps se formaient, hostiles. Très rarement

cependant ils s'affrontaient en bataille rangée. Faire la guerre consistait essentiellement à ravager la terre de l'adversaire, à détruire les récoltes, à capturer le bétail, piller, ramener des chariots pleins de ce que l'on avait pris dans les villages. Quant aux châteaux, on attendait de les savoir délaissés par leur garnison pour prendre d'assaut la motte, brûler les palissades et la tour. Dès que l'ennemi réapparaissait, on filait, abandonnant la place. Il fallait peu de temps pour reconstruire les remparts de bois. Le grand-père d'Arnoul, en

PRISE D'UN CHÂTEAU

Vers 1155, quelques années avant la naissance d'Arnoul, un auteur inconnu a écrit l'histoire des seigneurs d'Amboise. Il raconte comment l'un d'eux, Sulpice, le maître du château voisin de Chaumont, s'empara de la Motte-Foucoi, un des trois châteaux établis sur le coteau d'Amboise, celui que Foucoi, le mari de sa sœur, avait bâti.

« Un jour, les chasseurs de Chaumont capturèrent dans les bois Foucoi ainsi que ses chiens, ses chevaux et le gibier qu'il avait tué. Ils endossèrent l'habit de Foucoi, montèrent sur ses chevaux et, avec les chiens et le gibier, gagnèrent la maison de Foucoi à Amboise. Ils sonnèrent du cor pour qu'on leur ouvre, disant que Foucoi les suivait. Sulpice était caché tout près avec une bande de camarades et Geoffroy, le châtelain (d'un autre château) d'Amboise, se trouvait dans les fossés de la motte avec vingt compagnons. Croyant que leur seigneur arrivait, reconnaissant ses chevaux et ses chiens, les hommes de Foucoi ouvrirent les portes. Les hommes de Chaumont entrèrent en criant. Geoffroy les suivit, tua le portier, monta en haut de la maison, annonça à sons de trompe qu'elle était prise. Sulpice accourut. Il fit combler de terre et de pierres le fossé et rasa la motte.

« Foucoi le vieux et son fils ravagèrent alors la terre de Chaumont. Les chevaliers de Sulpice prirent d'assaut le rocher, repère de Foucoi le fils. Celui-ci fut capturé. Les chevaliers l'emmenèrent en captivité, mais les paysans qui combattaient à pied avec eux l'arrachèrent de leurs mains et le décapitèrent. »

lutte contre le châtelain de Bourbourg vit ainsi un matin, à sa grande surprise, une motte qu'il croyait nue couronnée de nouveau d'un donjon. Pendant la nuit, son adversaire en avait fait dresser les murs, préfabriqués par des charpentiers.

La joute se déroule selon des règles strictes. Les chevaliers s'affrontent deux à deux, sous les yeux d'un public nombreux. Comme dans les compétitions sportives actuelles, les vaincus sont éliminés, jusqu'à ce qu'il ne reste qu'un seul vainqueur.

De loin en loin, les deux troupes se rencontraient à la faveur d'une embuscade ou tout simplement par hasard. Quelques coups étaient échangés, généralement sans grand dommage. Les chevaliers ne craignaient guère pour leur vie. Ils étaient protégés par de fortes armures et surtout la morale interdisait aux nobles de s'entre-tuer. Ce qu'ils risquaient, c'était d'être faits prisonniers, emmenés avec le reste du butin et gardés loin de chez eux jusqu'à ce qu'ils recueillent auprès de leurs parents ou de leurs amis de quoi payer la rançon. S'il y avait mort d'homme, c'était par accident, accident dont les hommes du peuple qui suivaient à pied les cavaliers étaient le plus souvent responsables. Ces fantassins étaient en effet beaucoup plus menacés, ce qui les rendait dangereux, comme des bêtes sauvages.

Quand, à l'automne, le temps commençait à se gâter et qu'il était désagréable de sentir l'eau de pluie ruisseler sous les cuirasses, la guerre s'arrêtait. Une trêve était conclue, ou bien la paix. Une assemblée d'arbitres, composée d'amis des deux parties, s'était réunie. Après de longues palabres, les ennemis consentaient à se réconcilier. Dans les bras l'un de l'autre, ils échangeaient le baiser de paix. Chacun livrait des otages. Ceux-ci s'engageaient à rejoindre le camp adverse jusqu'au rétablissement de la concorde si le pacte était rompu. Au printemps suivant, un conflit éclatait ailleurs. D'autres alliances se formaient et le jeu recommençait.

Car la guerre était un jeu, le divertissement principal de la noblesse. A cœur joie, tous les aïeux d'Arnoul s'y étaient adonnés. Aucun n'y avait perdu la vie. Tous auraient pu chanter, sur le même ton que le troubadour Bertrand de Born, le plaisir de se lancer les uns contre les autres sous le soleil. L'hiver, c'était l'ennui.

Les artistes du Moyen Age, enlumineurs, peintres ou sculpteurs, représentent souvent des chevaliers combattant, comme sur ce chapiteau de l'église Saint-Zénon, à Vérone.

On attendait impatiemment le retour de la saison des combats. Autour du maître du château, ses chevaliers le pressaient alors de se mêler à telle discorde qui se rallumait dans le voisinage, d'aider au besoin à ce qu'elle s'envenime. La fonction des hommes de guerre étaient de maintenir la paix, c'est pourquoi le peuple acceptait de s'acquitter de l'impôt dont ils se partageaient le produit. Or, parce que le combat était leur métier, parce que ce métier les passionnait et qu'il rapportait, la chevalerie était en fait la source de la violence dont le reste de la société pâtissait. D'elle venaient les sévices que subissaient les marchands, dont les militaires détroussaient les caravanes. Du fait de sa brutalité incontrôlée, les paysans devaient se réfugier à tous moments avec leurs troupeaux dans les bois et les marécages, pour trouver au retour leurs chaumières brûlées, leurs moissons piétinées, leurs vignes et leurs arbres fruitiers coupés.

Depuis la naissance de la chevalerie, les hommes d'Église, au nom de la charité, dénonçaient, jouant sur les mots, les « malices » de cette « milice ». En l'an mille, ils avaient cru pouvoir limiter les déprédations des guerriers en les obligeant à jurer sur les reliques des saints, devant le peuple rassemblé, qu'ils ne tireraient pas l'épée contre la population sans défense, les moines et les prêtres, les négociants, les cultivateurs, les femmes, ni certains jours de la semaine, en mémoire de la Passion de Jésus-Christ, ni dans les enclos entourant les lieux de culte. Plus récemment, les prêtres avaient entrepris d'imposer les mêmes engagements à tous les chevaliers nouveaux, lorsqu'ils recevaient leurs armes. A leurs côtés, les princes, les ducs, les comtes s'efforçaient de défendre l'ordre public, comme le faisait le roi, tenu par le serment qu'il avait prêté le jour de son sacre. Dans le territoire soumis à leur autorité, ils faisaient de leur mieux pour empêcher que ne dégénèrent en conflits armés les disputes que la jalousie, le point d'honneur provoquaient sans cesse parmi les seigneurs de châteaux et les guerriers de leur suite. Devant toute la noblesse du pays rassemblée dans leur cour, ils contraignaient les bagarreurs qu'ils n'avaient pu convaincre de faire la paix à vider leur querelle dans une « bataille ». Ce mot désignait le combat singulier opposant en public, dans un champ clos, deux rivaux qui ne parvenaient pas à s'entendre. Lorsque l'un était handicapé par son âge ou sa faiblesse physique, ou bien s'il s'agissait d'une femme, incapable de se battre elle-même, un chevalier, qu'on appelait son « champion », était désigné pour se battre à sa place. La lutte s'engageait. Elle durait jusqu'à ce que l'un des combattants s'avoue vaincu. On proclamait alors que Dieu avait lui-même jugé : en permettant la victoire de l'un des contestataires, il avait fait connaître que l'autre était dans son tort. Beaucoup d'affaires étaient

(suite page 74)

LA JOIE DE COMBATTRE

Bertrand, sire de Born en Périgord, chevalier et troubadour, (vers 1140-vers 1215) chante le plaisir de combattre.

« J'aime bien le temps de Pâques qui fait revenir les feuilles et les fleurs, mais j'aime aussi voir les tentes dressées parmi les prés et j'ai grande joie quand je vois, à travers les champs, bien rangés, les chevaliers armés et les chevaux. J'aime voir les châteaux assiégés, les palissades rompues et démantelées. Je vous le dis, je trouve moins de plaisir à manger, boire et dormir qu'à entendre le cri "à moi" s'élever dans les deux camps, les chevaux sans cavalier hennir sous les ombrages et les appels au secours, moins qu'à voir tomber les uns et les autres dans l'herbe au-delà des fossés, qu'à voir les morts avec, fichés dans leurs flancs, des tronçons de lance et leurs petites bannières. »

LE JUGEMENT DE DIEU

Dans les familles de chevaliers, on racontait les hauts faits des ancêtres. Des plus anciens, seul le nom restait dans la mémoire, mais on leur attribuait des actes héroïques afin de rehausser la gloire de la dynastie. Les comtes d'Anjou vénéraient le souvenir d'un de leurs lointains aïeux, Enjeuger. Le moine Jean de Marmoutiers, écrivant l'histoire de cette famille, décrit ainsi l'un des exploits imaginaires de ce héros.

« Le seigneur de Château-Landon, comte de Gâtinais, mourut, laissant comme seule héritière sa fille Adèle. Toute jeune, elle passa, comme c'était la coutume, sous la protection et le pouvoir du seigneur de son père, le roi de France. Celui-ci voulait récompenser son chambrier, celui de ses serviteurs chargé de la chambre, donc du trésor royal. C'était un bel homme, de bonnes mœurs, et de grande finesse, fils d'un vassal du comte de Gâtinais. Le roi décida de lui donner en mariage, avec Château-Landon, Adèle qui venait d'atteindre l'âge de douze ans. Il la pressa de consentir, elle répondit : "Monseigneur roi, il n'est pas décent ni juste de me soumettre à un homme qui fut le vassal de mon père." Le roi ne dit mot. Il chargea sa femme et ses suivantes de lui faire changer d'avis, ce qui fut fait, mais lentement et non sans peine.

Le roi demanda le consentement des barons du Gâtinais. La noce eut lieu. Les époux vécurent dix ans sans avoir d'enfant. Le mari était malade. Un matin on le trouva mort dans son lit. Ses proches parents, dirigés par un certain Gontrand, accusèrent Adèle de l'avoir étranglé. Le roi convoqua sa cour à Château-Landon. Gontrand proposa de prouver la culpabilité d'Adèle dans une bataille. Adèle demanda de se disculper par serment. Le roi prit conseil, opta pour le duel et enjoignit à Adèle de trouver un champion. Gontrand était redoutable. Les parents d'Adèle se dérobèrent. Mais elle avait un filleul, Enjeuger.

Voyant sa marraine sans appui, Enjeuger se jeta aux pieds du roi, en pleurs, offrant de combattre pour elle. Le roi essaya de l'en dissuader. Enjeuger n'avait que seize ans et n'avait pas terminé son apprentissage. Il tint bon. Il était sûr de lui et du droit d'Adèle : il savait que son mari était malade et qu'elle s'entendait bien avec lui.

« Le matin du jour fixé pour le duel judiciaire, Enjeuger s'en alla vers le lieu du combat. En chemin, il rencontra un pauvre, lui donna tout le peu qu'il avait. Il

entra dans une église, pria, et se munit du signe de la Croix qui est l'armure de Dieu. Les deux champions prêtèrent serment, montèrent à cheval, lâchèrent les brides et se lancèrent l'un contre l'autre. Gontrand, sa lance pointée, perça de l'épée l'écu d'Enjeuger. De sa lance, à travers l'écu, il cousit le corps d'Enjeuger à la partie avant de son haubert, puis le blessa par-derrière, mais légèrement et sans le désarçonner. Enjeuger resta ferme sur les étriers et, perçant à son tour l'écu de Gontrand, lui enfonça son épée dans la poitrine si profondément qu'elle ressortit entre les deux épaules. Gontrand tomba en arrière, ce qui prouvait sa perfidie et son faux témoignage. Voyant tomber son ennemi, Enjeuger, agile, retira l'épée, coupa le bout de lance qui dépassait de son écu, remit l'épée au fourreau ; de la main droite, il dégagea la partie de la lance qui le cousait à son haubert, descendit de cheval, sortit l'épée, se rua sur l'ennemi, lui ôta son heaume, lui trancha la tête et se présenta indemne devant le roi.

« Dame Adèle renia ses parents qui l'avaient trahie en n'acceptant pas de combattre pour elle et demanda au roi que son filleul soit son héritier. Bien qu'Enjeuger ne fût pas son pas son parent par le sang et seulement son fils spirituel, le roi accepta. Ainsi Enjeuger devint seigneur de Château-Landon et comte de Gâtinais. »

Sur son tombeau, un sarcophage de pierre, ce chevalier est représenté à cheval, l'épée à la main.

(suite de la page 71)

ainsi réglées par le duel judiciaire, et des occasions de guerre évitées.

Au cours du XIe siècle, une autre manière de contenir la turbulence de la chevalerie s'était instaurée dans le nord de la France. A la frontière de leur province, les princes organisaient des batailles d'un genre nouveau, les tournois. Ces rencontres n'opposaient pas deux individus appelant Dieu à les départager, mais plusieurs fortes équipes se disputant par jeu la victoire devant des experts qui, en fin de partie, décernaient des prix aux meilleurs des joueurs. Par bien des côtés, elles ressemblaient à nos matchs de football ou de rugby. Ainsi, chaque printemps le comte de Flandre rassemblait derrière lui les chevaliers désœuvrés du comté. Débarrassant le pays de ces fauteurs de troubles, il les emmenait au loin, non pas faire la guerre, mais affronter l'équipe des Bretons, des Champenois ou des Normands dans des tournois qui se succédaient d'un lieu à l'autre pendant toute la belle saison, au fil d'un calendrier soigneusement établi à l'avance et qu'une habile publicité faisait connaître de toutes parts. Dans ces simulacres de bataille, la chevalerie poursuivait son entraînement. Elle déversait là son impétuosité sans dommage pour les pauvres gens. Enfin et surtout, elle s'y

La forteresse est attaquée. Les assaillants utilisent des chariots couverts de peaux pour se protéger des projectiles lancés par les assiégés. Les sièges peuvent durer longtemps. Philippe Auguste a pris Château-Gaillard au bout de huit mois.

donnait du bon temps et servait plus fidèlement les princes qui savaient lui procurer de si joyeuses distractions. En 1181, la vogue des tournois était à son comble.

Comme dix ans plus tôt, Henri, fils du roi d'Angleterre, lorsqu'il courait la campagne

sous la conduite de Guillaume le Maréchal, son moniteur, Arnoul n'en manquait pas un. Suivi par deux ou trois de ses camarades, par les écuyers et garçons de service qui s'occupaient des chevaux et des bagages, il arrivait la veille au soir sur le lieu du match et cherchait un logement parmi les baraques et les tentes établies à proximité du terrain que l'on avait choisi pour le jeu. Il parlait, se renseignait sur les équipes en formation et décidait de celle qu'il rejoindrait. Le lendemain, avant que la partie ne s'engage et tandis que les tournoyeurs prenaient position dans chaque camp, les plus jeunes chevaliers s'affrontaient dans des joutes préliminaires et montraient leur habileté sous l'œil des connaisseurs. Sous celui aussi des dames et des demoiselles. Elles étaient venues pour la fête, parées de leurs plus belles robes brodées, leurs cheveux tressés sous la guimpe, couronnées de fleurs, et, s'installant sur une estrade ou sur un promontoire en compagnie des princes et des seigneurs trop âgés pour combattre, elles suivaient de loin les péripéties de la compétition, admirant les plus vaillants.

La mêlée

Au signal donné, deux ou trois bandes de plusieurs centaines de guerriers se jetaient furieusement les unes contre les autres, hurlant, à toute bride, à travers le champ. N'imagine pas un terrain régulier comme celui où tu t'entraînes au stade. Celui-ci n'avait pas de limites. Il était coupé d'accidents, de haies, de ravines. Il s'y trouvait parfois des groupes de chaumières où l'on pouvait tendre des embuscades. Le but était, comme dans une vraie bataille, de semer le désarroi dans les rangs de l'adversaire, de provoquer sa débandade, de le forcer à s'enfuir et de se rendre enfin maître du terrain. Pour cela, tous les coups étaient permis, toutes les feintes, tous les stratagèmes. Pendant des heures, c'était un enchevêtrement de galopades, dans la poussière, dans le fracas des lances éclatées, des boucliers fendus, les combattants ruisselant de sueur sous le haubert, leurs cottes d'armes partant en lambeaux.

De temps en temps, l'un ou l'autre se retirait du jeu pour reprendre haleine, boire une rasade, se détendre un peu, avant de se replonger dans la mêlée s'il n'était pas à bout de forces ou trop grièvement blessé. En effet, emportés par la joie de se battre, les chevaliers frappaient souvent trop fort, et l'on pleurait des morts à la fin de bien des rencontres.

La bande, le « conroi » dont Arnoul était le capitaine, se donnait à fond pour la victoire de l'équipe dont il faisait partie. Cependant, comme tous les conrois engagés dans la compétition, il menait aussi son propre jeu. Car le tournoi ressemblait à une partie de chasse. Les chevaliers des équipes adverses en étaient le gibier. Arnoul et ses camarades repéraient l'un d'entre eux et entreprenaient tous ensemble de le traquer. Ils tentaient de l'isoler, l'encerclaient, se démenaient pour l'assommer, le désarçonner, s'acharnaient sur son armure jusqu'à ce qu'il se rende, se reconnaisse prisonnier sur parole. Les garçons de service s'emparaient alors de son destrier, de tout son harnachement qu'ils emmenaient

Dans l'Apocalypse de saint Jean, quatre chevaux de couleurs différentes apparaissent à l'Apôtre. Chacun représente un fléau. L'artiste a peint un chevalier de son époque monté sur le cheval rouge, symbole de la Guerre.

en lieu sûr, hors du champ. Quant au cavalier, il arrivait qu'on lui permît de reprendre le combat s'il trouvait à s'équiper de nouveau : la fidélité à la parole donnée le retenait presque toujours de prendre la fuite, de refuser le soir de payer sa rançon. Si le chef de bande savait mettre au point la bonne tactique, si les compagnons s'entendaient bien entre eux, s'ils ne se laissaient pas entraîner en cours de route à la poursuite d'autres proies, et c'est ici que la loyauté comptait, la chasse pouvait être fructueuse. Guillaume le Maréchal se vantait d'avoir à chaque tournoi capturé plusieurs chevaliers et davantage encore de chevaux. Mais si certains gagnaient, il fallait bien que d'autres perdent, se retrouvent, le soir, dépouillés. Le tournoi était un jeu passionnant, non seulement jeu d'adresse mais de hasard, et jeu d'argent.

Le dénouement

Quand, en fin de journée, l'une des équipes avait triomphé, les joueurs qui demeuraient en action, qui n'avaient pas été rejetés sur la touche, estropiés ou captifs, regagnaient le campement, fourbus. C'était le moment de réparer les dégâts. Chacun s'affairait autour des forgerons, portaient remmailler le haubert, rapiécer le bouclier. Certains devaient placer leur tête sur l'enclume afin que soit déboîté à coups de marteau leur heaume faussé par les coups durant la bagarre. C'était le moment surtout de faire les comptes. Les prisonniers s'en allaient emprunter à leurs cousins, à leurs amis, à leurs seigneurs les pièces d'argent qui leur permettraient de se racheter eux-mêmes, de remplacer le destrier perdu. Les vainqueurs discutaient avec les maquignons du prix des bêtes qu'ils avaient capturées. Une grosse foire aux chevaux s'organisait ainsi parmi les tentes, et la monnaie passait d'une bourse à l'autre. On voyait partir penauds ceux qui avaient dû vendre jusqu'au manteau qu'ils avaient reçu le jour de leur adoubement. Quant aux chevaliers qui se retrouvaient riches, ils ne le restaient pas longtemps. L'honneur leur commandait d'offrir l'argent à leurs camarades moins heureux et de dépenser le reste en réjouissances. Finalement, le soir, les vrais gagnants étaient tous les marchands, tous les amuseurs, les bateleurs, les ménestrels venus en foule dans l'espoir d'exploiter la chevalerie, de tirer profit de sa largesse.

Sur cette peinture, datant du XVe siècle, on voit des dames partant assister à une joute, chargées du prix qu'elles remettront au vainqueur.

Le tournoi terminé, les princes qui l'avaient organisé délibéraient et proclamaient le nom des jouteurs qui s'étaient distingués dans le combat. Parfois, une dame remettait au meilleur le « prix », un bel objet symbolique. Les jongleurs célébraient la gloire des héros de la journée. C'est pour cela aussi que tant de chevaliers étaient accourus, et certains de très loin, d'Allemagne ou d'Angleterre. Ils voulaient que l'on parle d'eux. La renommée avait pour eux beaucoup plus de valeur que l'argent. Les champions célèbres étaient sûrs en effet d'être reçus à bras ouverts dans les cours les plus fastueuses, comblés de cadeaux, de toutes sortes de faveurs. Les grands seigneurs se les disputaient, leur promettaient monts et merveilles s'ils acceptaient de combattre au prochain tournoi sous leurs couleurs. Après chacune de leur victoire, leur prix montait. Dans la même soirée, Guillaume le Maréchal s'était vu proposer successivement une forte somme, un fief, enfin une épouse, la fille d'un prince. Il avait refusé, certain d'accroître encore sa réputation, donc de pouvoir obtenir plus tard davantage. Les chevaliers célibataires espéraient séduire par leur prouesse sinon une fille, du moins son père ou son frère qui cherchaient pour elle un mari, et revenir du tournoi avec une promesse de mariage. Dans la famille d'Arnoul, on rappelait que ses ancêtres avaient accru de cette façon, par de fructueuses alliances conclues sur le champ des tournois, la fortune de leur maison.

Le père d'Arnoul l'aida pendant deux ans à faire bonne figure durant sa tournée de chevalier errant. Ensuite, livré à lui-même, il continua. Les tournois étaient son gagne-pain. En

Henri Plantagenêt est roi en Angleterre. Mais, dans le royaume de France, il est comte d'Anjou par son père, duc de Normandie par sa mère et duc d'Aquitaine par sa femme. Ce sont les titres qu'il porte sur ce sceau, où il se montre, non pas en roi, mais en chevalier.

1188, ils furent interdits dans tout le royaume de France. Les évêques les avaient toujours condamnés. Dans ces rencontres, les vertus chrétiennes dont l'Église s'efforçait d'imprégner la chevalerie étaient bafouées : on s'y battait trop violemment, par cupidité et par orgueil ; beaucoup de guerriers perdaient dans ce jeu cruel la vie ou l'usage d'un membre, alors que leur devoir était de ne combattre que pour l'honneur de Dieu, la protection des faibles et la défense de la Terre sainte. Or, en 1188, on venait d'apprendre que les armées musulmanes, conduites par Saladin, avaient reconquis Jérusalem. Il fallait mener une contre-offensive. On décida de lever un impôt spécial, la « dîme saladine », pour financer l'expédition. Le roi Philippe Auguste, Richard Cœur de Lion, roi d'Angleterre, l'empereur allemand Frédéric Barberousse avaient juré d'en prendre la tête et fait coudre sur leur vêtement la croix. Il n'était plus question pour les chevaliers de s'entre-tuer sur les terrains de sport. Ils devaient ménager leurs forces et purifier leur âme en s'imposant cette dure pénitence, renoncer à leur plaisir favori. Pour Arnoul, c'était l'inaction forcée et la perte de ses ressources. Comme la plupart de ses camarades, il prit la croix. Sous prétexte de s'équiper, il perçut la dîme saladine sur les prêtres et les paysans de la seigneurie d'Ardres. Mais, insouciant, ne songeant qu'à ses plaisirs, il dépensa tout le produit de cette taxe, au jour le jour, avec ses amis. Un évêque finit par mettre en prison ce mauvais chevalier, déloyal, qui gaspillait l'argent des pauvres et ne tenait pas sa promesse de partir délivrer le tombeau du Christ.

Sur le sceau du fils d'Henri II, Richard Cœur de Lion, on remarque le perfectionnement du beaume en une génération.

LA CROISADE

En France du Nord, rares étaient les familles de chevaliers qui ne vénérait pas la mémoire d'un ancêtre croisé. Le grand-père d'une des grand-mères d'Arnoul avait pris la route dès qu'il avait entendu l'appel lancé à Clermont en 1095 par le pape Urbain II, invitant les chrétiens d'Europe à se porter au secours des chrétiens d'Orient. Il fut de ceux qui, après un long siège, entrèrent dans Antioche, puis réussirent à arracher Jérusalem aux musulmans. On regrettait à Ardres de ne pas entendre son nom cité dans la *Chanson d'Antioche,* l'épopée chantée à la gloire des héros de la Première croisade. C'était, disait-on, parce que les trouvères n'avaient pas reçu de lui un salaire suffisant. Mais on montrait dans l'église d'Ardres les reliques qu'il avait rapportées de son expédition. Parmi ses compagnons de voyage figurait un frère d'une arrière-grand-mère d'Arnoul, du côté paternel. Celui-ci, resté en Terre sainte, était devenu comte de Beyrouth. En 1148, alors qu'on prêchait la seconde croisade, Baudoin, seigneur d'Ardres, grand-oncle d'Arnoul, avait vendu une grande partie de ses biens pour rejoindre, avec deux de ses chevaliers convenablement équipés, le comte de Flandre. Celui-ci partait vers la Palestine à la suite du roi de France Louis VII. Ce Baudoin ne revint pas. On ne sut jamais ce qu'il était devenu. Un jour, on vit dans le pays paraître un imposteur, un vieillard qui se faisait passer pour le disparu, et l'on eut beaucoup de peine à le démasquer.

Une troupe de chevaliers part en campagne.

Ce buste du XIVe siècle est un reliquaire, destiné à recevoir les reliques d'un saint. Il représente l'empereur Charlemagne, l'un des héros de la Chanson de Roland.

Le « voyage de Jérusalem » (c'est ainsi qu'on appelait la croisade) fascinait la chevalerie depuis un siècle. En 1188, le souvenir de Charlemagne, de l'« empereur à la barbe fleurie », était plus vif que jamais et les jongleurs répétaient sans cesse que c'était lui l'initiateur, qu'il avait inauguré la lutte contre les Sarrasins, entraînant en Espagne, alors soumise aux musulmans, les douze pairs, Roland et toute l'armée chrétienne. La jeunesse s'enflammait en entendant chanter leurs exploits. Quitter sa maison, ses parents pour des années, s'engager sur un chemin interminable, plein de dangers de toutes sortes, offrir ses souffrances, sa vie pour étendre le royaume de Dieu, apparaissait l'accomplissement de l'idéal chevale-

Un chevalier a demandé à être purifié par un prêtre. Sans doute s'apprêtait-il à combattre ou à partir en campagne. Il craint de mourir en état de péché.

resque. En outre, le pardon de toutes leurs fautes était promis, le pape l'avait dit, à ceux qui se soumettraient volontairement à une épreuve aussi dure. La croisade était avant tout un pèlerinage sur les lieux où Jésus avait vécu, où l'on croyait qu'il reviendrait juger les vivants et les morts. Voilà qui attirait aussi vers Jérusalem, et beaucoup s'en allaient là-bas pour y mourir et y être enterrés, en bonne place le jour de la Résurrection. S'ajoutait le désir de voir les pays lointains d'où provenaient les parfums, les soieries, les épices, les objets les plus merveilleux que les princes exhibaient fièrement dans leur festin et qu'ils donnaient aux églises pour ajouter à l'éclat des offices. On savait que là-bas, outre-mer, la vie était beaucoup plus douce. Pour les chevaliers, partir en croisade, c'était prolonger l'aventure, la projeter vers des horizons fabuleux, retrouver le plaisir d'errer qu'ils avaient goûté après leur adoubement. Il était d'ailleurs dans l'intention du pape Urbain II quand il lança la croisade, de détourner hors de la communauté chrétienne les violences de la chevalerie et d'affermir de cette façon la paix de Dieu.

La guerre sainte

En fait, l'expédition de Terre sainte fut pour les chevaliers, pour tous les célibataires qui ne savaient à quoi employer leurs armes, l'occasion de se défouler. Contre les ennemis du Christ, ils pouvaient sans scrupule donner libre cours à leur appétit de frapper et de détruire. Ils ne s'en privèrent pas. Tu dois savoir que ces entreprises militaires furent

accompagnées d'atrocités. Les premiers croisés s'en étaient pris pour commencer aux juifs, dans les villes allemandes qu'ils traversèrent au début de leur voyage. Ils les avaient massacrés cruellement. En Orient, ce fut le tour des populations musulmanes. Le sang ruisselait à flots sous les sabots de leurs chevaux dans les ruelles de Jérusalem, après l'assaut. Les croisades furent aussi l'exécrable explosion de ce que nous appelons le racisme, la haine aveugle de l'étranger, la cruauté à l'égard des fidèles d'une autre religion. Elles servirent de prétexte à d'odieux saccages, aux pillages, au déchaînement des pires instincts.

La première d'entre elles avait abouti, sans qu'on l'eût prévu, à l'installation d'une colonie européenne sur les rives orientales de la Méditerranée. Mais l'Islam pesait de tout son poids sur le royaume chrétien de Jérusalem et les autres principautés nées de la conquête. Il fallait les soutenir et, chaque année, de petites bandes de chevaliers s'en allaient prêter main-forte aux seigneurs de la Terre sainte. Quand, brusquement, une large part du terrain conquis fut perdu, on organisa en 1148 une seconde expédition générale. Elle échoua. La menace s'aggrava. Quarante ans plus tard, toute la chevalerie s'ébranla lorsqu'elle apprit avec stupeur que le saint sépulcre, le tombeau du Christ, était retombé sous la domination musulmane.

C'était souvent au cours d'une grande assemblée de la noblesse que les chevaliers, dans l'enthousiasme, décidaient de partir. Ils prononçaient solennellement un vœu. Ils marquaient leur vêtement du signe de la croix. Aussitôt, ils passaient, eux-mêmes, leur maisonnée et tous leurs biens, sous la protection

Saint-Jean-d'Acre (aujourd'hui Akko, port d'Israël) est l'une des places fortes tenues par les croisés au nord du royaume de Jérusalem. Elle tombe définitivement aux mains des musulmans en 1291.

En 1191, lors de la 3e croisade, le roi de France Philippe Auguste et le roi d'Angleterre Richard Cœur de Lion reprennent Acre, conquise en 1187 par les musulmans : les deux rois reçoivent les clés de la ville.

de l'Église. Nul ne pouvait les attaquer ni rien leur prendre. Ils commençaient alors leurs préparatifs. Ceux de leurs proches qui restaient au pays les aidaient de leur mieux. L'un offrait un cheval, l'autre une pièce d'armement, d'autres de l'argent. Il fallait beaucoup d'argent car la route était longue. En 1190, on ne prenait plus comme aux premiers temps la voie de terre, à travers l'Europe centrale, le long du Danube jusqu'à Constantinople, puis, et c'était la partie la plus douloureuse, à travers l'Asie Mineure. La traversée par mer faisait maintenant moins peur. La piraterie sarrasine était mieux contenue et les récents perfectionnements des navires rendaient les voyages moins hasardeux : à Gênes, à Venise, dans les ports de Provence, on trouvait de nombreux et bons bateaux. Encore fallait-il d'abord gagner la Méditerranée et les chevaliers pèlerins ne pouvaient plus compter entièrement sur l'hospitalité gratuite. La monnaie circulait plus abondamment et l'habitude s'était prise de tout vendre et de tout acheter. Parvenu au lieu d'embarquement, le croisé, après de laborieuses discussions, concluait devant notaire un pacte avec des marins. Il achetait, très cher, une place pour lui-même, ses chevaux, ses serviteurs et ses bagages. Pour réunir l'argent nécessaire, il avait dû, avant son départ, emprunter au monastère voisin ou aux riches marchands d'une des villes les plus proches, donnant en gage telle ou telle de ses terres qu'il espérait racheter au retour.

Le cœur lourd, il avait fait le tour de tous ceux qu'il aimait. Il était loin d'être sûr de revenir d'une telle aventure. Il s'était donc préparé au pèlerinage comme on se prépare à la mort, confessant ses fautes, dédommageant ceux qu'il avait lésés. Béni par les prêtres, il avait pris dans ses mains les insignes du pèlerin, le bâton et la besace. Il n'était pas parti seul, mais avec des cousins, des camarades, son écuyer, en petites bandes comme les chevaliers nouveaux au lendemain de leur adoubement. Et comme pour les tournois, les escadrons formés des hommes d'un même pays, parlant la même langue, s'agglomeraient en cours de route pour former une grosse équipe nationale.

Sur le tombeau de Jésus-Christ, l'église construite à Jérusalem, le saint sépulcre, telle qu'elle est représentée dans le livre d'heures du roi René d'Anjou au XVe siècle.

Templiers et hospitaliers

Les navires en ce temps-là ne s'écartaient pas beaucoup des côtes. Mais quand les croisés se voyaient en pleine mer, ils tremblaient, ils promettaient de belles offrandes aux saints protecteurs pour éviter le naufrage.

Débarqués à Saint-Jean-d'Acre ou à Jaffa, éblouis par ce qu'ils découvraient de la civilisation arabe, plus raffinée que la leur, ils commençaient aussitôt leur pèlerinage. Ils visitaient l'un après l'autre les lieux saints, ceux du moins qui, restés au pouvoir des chrétiens, demeuraient accessibles. Ils pre-

(suite page 88)

Les croisés qui se rendent en Terre sainte peuvent voyager par terre ou par mer. La route terrestre est longue et dangereuse. Il n'est pas rare que des bandes de pillards ou des troupes ennemies tendent des embuscades aux chevaliers. C'est pourquoi ils préfèrent souvent emprunter la route maritime. Le danger est moins grand, même si un naufrage est toujours possible. Les croisés utilisent en général des navires de transport, lourds et peu maniables, mais solides et sur lesquels on peut facilement embarquer hommes, chevaux et matériel. Ci-dessous, la prière du croisé.

(suite de la page 85)

naient part aussi, chaque fois qu'il le fallait, à la lutte contre les infidèles. Ils appréciaient en connaisseurs la qualité des chevaux de l'adversaire. Ses façons de combattre les surprenaient. Ils les observaient attentivement afin d'améliorer les leurs. Ils souffraient durement du climat. Des maladies inconnues les frappaient. Mais ils guerroyaient vaillamment aux côtés des Templiers et des Hospitaliers, qui faisaient leur admiration.

Dans leurs énormes forteresses, les Templiers et les Hospitaliers étaient en effet des chevaliers modèles. Ils faisaient la guerre à la perfection. Mais c'était aussi des moines,

vivant dans la discipline, dans le renoncement aux richesses, à l'orgueil et aux plaisirs. Ils ajoutaient aux valeurs militaires celles de la spiritualité, et semblaient incarner l'idéal d'une chevalerie chrétienne où la vertu de charité couronnerait celles de force, de justice, de prudence et de tempérance. En les voyant agir, on imaginait ce que l'ordre de la chevalerie tout entier pourrait devenir en Europe s'il se laissait imprégner par ces valeurs. Séduits, certains croisés décidaient de s'incorporer à l'ordre du Temple ou à celui de l'Hôpital. Guillaume le Maréchal fut tenté. Il combattit dans les rangs des Templiers mais ne s'engagea pas totalement. Il devint simplement leur confrère. En signe de fraternité, ils l'avaient

Saint-Jacques-de-Compostelle, en Espagne, est avec Rome et Jérusalem l'un des grands pèlerinages du Moyen Age. Sur ce manuscrit du XIIe siècle, l'enlumineur a représenté la cavalerie de Charlemagne quittant Aix-la-Chapelle, pour se rendre à Compostelle. Les artistes de cette époque ne se soucient guère de la vérité historique. Charlemagne (qui n'est jamais allé à Compostelle) et ses cavaliers sont vêtus et équipés comme des chevaliers du XIIe siècle, non comme les guerriers francs du IXe.

Les croisés se lancent à l'assaut d'une ville tenue par les musulmans. Ils utilisent un trébuchet pour abattre les murailles.

Le krak des Chevaliers, en Syrie, une des plus puissantes forteresses de Terre sainte.

revêtu de leur manteau. Ce manteau, blanc orné d'une croix rouge, Guillaume le ramena dans ses bagages lorsqu'il revint de Terre sainte et voulut en être enveloppé au moment de ses funérailles.

Guillaume était demeuré trois ans en Palestine. La plupart des croisés revenaient plus tôt. Lorsqu'ils reparaissaient, souvent affaiblis par les fièvres et presque toujours ruinés, ils étaient accueillis comme des héros. On les choyait. Par leurs sacrifices, ils ne s'étaient pas seulement lavés de leurs péchés; toute leur parenté, tous leurs amis participaient aux mérites qu'ils avaient acquis. Arnoul, lui, ne connut pas, hélas, cette gloire. Son père avait réussi, par son ami l'archevêque de Reims, à le tirer de prison. Mais, malgré son vœu, il n'était pas parti pour l'Orient. Dans le pays flamand, où l'on pleurait la mort du comte Philippe et de nombreux de ses vassaux tombés devant Saint-Jean-d'Acre, durant cette troisième croisade, au service du Christ, on se détournait de lui. Honteux, il s'enferma dans le château d'Ardres. Il promettait d'être sage. De ne plus paraître, par ses étourderies, indigne de ses aïeux et du sacrement militaire qu'il avait reçu. Il avait plus de trente ans. Il n'était toujours pas marié. On cherchait pour lui une épouse.

La fin de la jeunesse

LE MARIAGE

Dans l'existence d'un chevalier, l'adoubement marquait le terme d'une première étape, la plus importante. Une seconde restait à franchir. Pour gagner la pleine indépendance et prendre place dans la lignée de ses ancêtres, il lui fallait obtenir une femme et se marier. Tant qu'il ne l'était pas, il était traité comme un « jeune », un *junior*. Marié, devenu chef de sa propre maison, il s'élevait aussitôt d'un échelon dans la société. Il entrait dans la catégorie des hommes responsables, des gens sérieux.

Or, en 1190 encore, seul un petit nombre des chevaliers obtenait une épouse. Car si les pères de famille s'efforçaient de marier toutes leurs filles, ils jugeaient sage de ne marier qu'un seul garçon. Tu le sais, ils en avaient généralement beaucoup, cinq ou six. Les

A l'assaut! Une nouvelle attaque est lancée contre le château. La bataille fait rage. Des hommes et des chevaux morts gisent sur le sol. Les assaillants ont construit des machines de guerre, catapultes et trébuchets, avec lesquelles ils lancent de lourdes pierres. Un bâti de bois recouvert de peaux a été traîné jusqu'à la muraille. Il protège, plus ou moins bien, les soldats qui s'efforcent de creuser une brèche à coups de pioche. D'autres combattants ont dressé des échelles et tentent de passer par-dessus les murs du château. Mais les défenseurs opposent une résistance farouche. Au sommet des tours et de la courtine, ils ont installé des protections de bois, les hourds, d'où ils font pleuvoir sur leurs adversaires des flèches et des pierres.

marier obligeait à les établir, à les installer dans leur propre demeure et à leur céder un morceau de la seigneurie, donc à partager l'héritage des ancêtres. C'était condamner les descendants à la pauvreté. Les pères donc plaçaient un ou deux de leurs fils dans l'Église.

Au début du XIII*e siècle, le prêtre commence à remplacer le père dans la cérémonie du mariage. En présence des parents, il place l'une dans l'autre les mains des époux.*

leurs filles, ou une cousine, ou bien la veuve d'un vassal défunt. Guillaume le Maréchal avait été payé de cette manière du long service accompli auprès du roi d'Angleterre Henri II.

Arnoul était l'aîné et pourtant le comte de Guînes, son père, ne s'était pas pressé de lui trouver une femme. Il le savait indocile et craignait que, marié, il ne devienne encore plus encombrant. Il préférait le voir errer. Arnoul se lança donc seul à la recherche d'une épouse. En 1188, il crut pouvoir, en lui faisant la cour, obtenir la main d'une très riche veuve, héritière du comté de Boulogne, une principauté puissante, beaucoup plus que le comté de Guînes. Lambert, dans son récit, raconte qu'Arnoul fit semblant d'aimer cette femme.

Les autres cadets, chevaliers, devaient rester célibataires. A moins qu'ils n'arrivent à se marier tout seuls. Tous rêvaient de le faire. C'était pour eux la grande aventure, celle que poursuivaient, dans les romans qu'on leur lisait, les héros qu'ils admiraient. Ne pourraient-ils, eux aussi, un jour, séduire par leur prouesse et leur courtoisie une fille riche et jolie? C'était un beau mirage. Dans la réalité, les mariages d'amour étaient rarissimes. Les jeunes chevaliers avaient plus de chance de réussir s'ils servaient fidèlement et longtemps un patron. Les seigneurs récompensaient parfois les plus fidèles de ceux qu'ils avaient éduqués en leur donnant en mariage l'une de

Le repas du roi. Chaque convive dispose d'une coupe et d'un banap personnels, ce qui ne se voit qu'a la table des plus grands seigneurs.
Le seigneur marie sa fille: c'est l'occasion d'une grande fête.

En effet, ce qu'il voulait ce n'était pas elle, c'était Boulogne. Comme un troubadour, il se mit à chanter puor elle son amour. Il crut l'avoir conquise. Au dernier moment, elle lui avait échappé. Un autre prétendant, plus habile et plus glorieux, s'en était emparée. Dans la chasse aux fiancées, les jeunes chevaliers revenaient souvent bredouilles.

Quand, sorti de sa prison, Arnoul revint au pays, piteux, désemparé, le comte Baudoin prit enfin l'affaire en main. Il finit par le fiancer à l'une des filles du comte de Sain-Pol. Ce n'était pas un très beau parti: cette enfant avait des frères et donc peu de chance d'héri-

ter. Or une occasion beaucoup plus avantageuse surgit en 1194. Le sire de Bourbourg, un château voisin dont les chefs avaient toujours été les ennemis farouches des comtes de Guînes, venait de mourir. Ses cinq frères étaient morts avant lui, célibataires, dans les accidents de l'apprentissage chevaleresque. Il ne laissait qu'une fille, Béatrice. Mettre la main sur cette orpheline, c'est-à-dire sur la forteresse tombée, comme on disait, « en quenouille », permettait d'agrandir considérablement la principauté dont Arnoul serait un jour le maître. Le comte Baudoin se précipita, rompit le pacte qu'il avait conclu avec le comte de Saint-Pol, traita avec les cousins de Béatrice et se hâta de préparer les noces.

Survint une difficulté de dernière heure. Arnoul était excommunié. Toujours aussi

Les meubles sont peu nombreux au XIIe siècle. Les seuls largement répandus sont les coffres. Certains sont richement décorés, comme ce coffre de mariage sur lequel sont représentés un seigneur et sa dame, ainsi qu'un cheval tout harnaché.
Sur le même coffre on voit deux chevaliers à pied. Celui de gauche porte le gambison, sorte de tunique par-dessus laquelle on revêtait le haubert.
Il n'y a pas de fête sans musique. Sur cette miniature on reconnaît, de gauche à droite : une cornemuse, un tambour, des timbales, des cymbales, des cloches, une trompette double, une vielle, un orgue portatif, un psaltérion et un luth.

brutal, il venait, dans sa turbulence, de détruire au cours d'une chevauchée un moulin appartenant à une veuve, l'un de ces êtres sans défense que protégeait la paix de Dieu. L'évêque l'avait condamné, exclu de la communauté chrétienne jusqu'à ce qu'il se repente. Il lui était interdit d'entrer dans une église ce qui risquait de gâcher la cérémonie du mariage. Grâce encore à l'archevêque de Reims, Baudoin obtint que la condamnation soit levée. On put sonner les cloches. Le comte bénit lui-même les deux fiancés dans la chambre nuptiale, et, pendant trois jours on fit la fête dans le château d'Ardres. Noce, adoubement, tournois, tout était prétexte pour la chevalerie à chanter, danser, rire, se pavaner dans de beaux vêtements, boire, manger, festoyer.

ARNOUL SEIGNEUR

Arnoul devint ainsi chef de famille. Il était le maître de deux châteaux, Ardres, qui venait de sa mère, Bourbourg, qu'il tenait du nom de son épouse. La paix et la prospérité dans ces deux seigneuries dépendaient maintenant de lui. Il ne pouvait plus se comporter comme avant, en jeune fou, insouciant. Il devait s'appliquer à paraître sage, autant que les autres châtelains, ses pairs, qu'il rejoignait à la cour du comte de Flandre. Lorsque commençait la saison des tournois, ses chevaliers le pressaient de les y conduire. Il les emmenait sous sa bannière, mais ne se jetait plus avec eux, inconsidérément, dans la mêlée. Avec les anciens, il appréciait de loin les prouesses des autres. D'ailleurs sa placc était maintenant à la maison, dans la salle. Assis, la dame à ses côtés, il tenait sa cour, recevait des hommages, rendait la justice. Il veillait à son tour sur l'éducation des jeunes. Il s'efforçait de paraître à leurs yeux le modèle du bon cavalier.

Sa porte était largement ouverte. Il appelait à lui ses vassaux, il accueillait à bras ouverts tous les chevaliers, tous les prêtres qui passaient près de son logis. Plus ses hôtes étaient nombreux, plus il se sentait puissant. Le prestige d'un seigneur se mesurait au nombre des personnes qu'il parvenait à rassembler autour de lui et à nourrir. L'amitié, cette amitié si précieuse, car sur elle tout l'ordre chevaleresque était construit, n'était nulle part aussi chaleureuse qu'autour des tables que les serviteurs dressaient pour le banquet dans la salle.

Deux paysans cueillent des grappes de raisin. Le fait qu'ils disposent les grappes dans des paniers et des corbeilles permet de penser qu'il s'agit de raisin de table. Les vendangeurs ont des hottes.

Chaque repas était une cérémonie, celle de la bonne entente. L'un des vassaux d'Arnoul en était l'ordonnateur. Il tenait, comme chez les plus grands princes, l'office de « sénéchal ». Son rôle était d'abord de verser l'eau sur les mains des convives (car ils allaient manger avec leurs doigts). Puis de découper les viandes apportées des cuisines. Enfin, d'en répartir les morceaux sur les larges tranches de pain qui servaient d'assiettes. Les écuyers remplissaient de vin les quelques coupes que l'on se passait de main en main. Il arrivait que des jongleurs viennent égayer le festin. Pour que chacun soit heureux, Arnoul veillait à ce que l'on serve le pain le plus blanc, à ce qu'on n'épargne pas le poivre et toutes les poudres odorantes importées de l'Orient lointain. Il voulait que les mets soient savoureux. Il voulait que le vin, et le meilleur, coule à flot. Et pour que les gens de sa maisonnée le servent de bon cœur, pour que les visiteurs se souviennent longtemps de son accueil et

Ces deux convives sont de très grands personnages, puisqu'ils utilisent des fourchettes, au lieu de se servir de leurs doigts pour manger, comme on le fait couramment à l'époque.

répandent partout le renom de sa largesse, il envoyait acheter aux foires de ces beaux draps que l'on tissait dans les villes de Flandre et d'Artois, et les offrait en présent à ses amis afin que la joie rayonne autour de sa personne.

Pour ravitailler la cuisine et les celliers de sa maison, Arnoul, comme ses ancêtres, faisait cultiver ses propres terres. Soucieux d'en accroître le produit, il commandait d'assécher les grands marais, entre Ardres et Bourbourg, d'y planter des arbres, d'y élever des moutons. Pour cela, il embauchait des ouvriers. Les temps avaient changé : les manants ne venaient plus travailler en corvée sur les champs du seigneur, ils ne portaient plus au

Dans le royaume sont utilisées des monnaies d'origines diverses. Le changeur s'assure que les pièces contiennent bien la quantité requise de métal précieux — or ou argent — et il établit la valeur de chacune.

UN BANQUET CHEZ BAUDOIN

Voici comment Lambert d'Ardres loue l'hospitalité du comte de Guînes.

« L'archevêque de Reims Guillaume, fils de Thibaut comte de Champagne, qui se rendait en pèlerinage à Canterbury, sur la tombe de saint Thomas Becket, fut invité par Baudoin, le comte de Guînes, à dîner dans la salle du château d'Ardres. On partagea joyeusement toutes sortes de plats et, dans les coupes circulant parmi les convives, toutes sortes de vins, certains épicés, d'autres clairets, coulaient à flots. Les gens de France qui accompagnaient l'archevêque réclamèrent de l'eau pour tempérer la force de ces vins. Sur l'ordre du comte, les serviteurs leur versèrent dans leurs gobelets à la place de l'eau de ce très coûteux vin blanc d'Auxerre. Les clercs et les chevaliers qui festoyaient dans la joie se laissèrent prendre et continuèrent de vider les coupes. L'archevêque s'en aperçut, fut un moment choqué par cet excès de largesse, mais se rappelant qu'un hôte ne doit jamais se plaindre, il demanda simplement au comte de lui apporter un gobelet d'eau pour en connaître le goût. Baudoin, comme pour répondre à cette demande, se leva de table, souriant, et se mit, devant les serviteurs et les garçons de sa maison, à briser et à piétiner tous les récipients contenant de l'eau. Il faisait semblant d'être ivre lui-même devant les jeunes gens qui avaient trop bu afin de se montrer plaisant et joyeux en toutes choses en l'honneur de l'archevêque. Celui-ci, finalement séduit par la largesse et la gaieté de Baudoin, lui promit de faire à l'avenir tout ce qu'il voudrait. Ce que je rapporte suffira pour que tous ceux qui m'écoutent sachent comment le comte traitait, selon l'amitié qu'il avait pour elles, d'innombrables personnes. Lorsque l'archevêque se retira, le comte lui fit don, en souvenir, de deux flacons pleins de précieuse liqueur. Avec la même bonne humeur, il recevait beaucoup de passants et les obligeait à rester longtemps près de lui. »

château une portion de ce qu'ils avaient eux-mêmes récolté. Les sujets de la seigneurie livraient maintenant des pièces de monnaie. Ils se les procuraient beaucoup plus facilement que jadis et le seigneur en avait de plus en plus besoin.

L'argent

Arnoul avait besoin de toujours plus d'argent et était donc tenté de pressurer davantage les paysans. Il ne pouvait pourtant pas aller trop loin. Son droit était limité par la coutume. S'il ne la respectait pas, il risquait de voir s'élever contre lui la colère des manants. Le prêtre Lambert, dans l'histoire qu'il écrivit pour Arnoul, avait jugé bon de lui rappeler les malheurs de deux de ses aïeux, trop avides. Dieu, exauçant les vœux des bergers du pays de Guînes, avait frappé l'un d'eux : il était mort dans un tournoi où il gaspillait l'argent mal acquis. L'autre, son grand-oncle, avait été assassiné dans un bois par les garçons de sa cuisine qui ne supportaient plus son avarice.

Si la campagne environnante lui rapportait peu de monnaie, Arnoul se rattrapait sur les marchands installés dans le bourg, à la porte de ses châteaux, et plus encore sur les voyageurs qui traversaient la seigneurie. Une des routes les plus fréquentées d'Europe passait sur son territoire, l'une de celles qui reliaient l'Angleterre au continent, et, par l'exploitation du péage, elle était pour Arnoul à Ardres, et pour son père Baudoin à Guînes, une fructueuse source d'argent. Cependant, se montrer généreux, donner à profusion comme tout seigneur devait le faire pour être obéi, coûtait de plus en plus cher. Être preux, mener convenablement la guerre, comme c'était le devoir de tout chevalier, coûtait aussi de plus en plus.

Chaque roi fait frapper une monnaie différente de celle de ses prédécesseurs. Ici, un denier double de Louis VII, dont le revers est orné d'une croix appelée « croix bourgeoise ».

LA GUERRE NOUVELLE

Fortifications et machines

La guerre, tu le sais bien, change de visage avec le temps. Tu as vu suffisamment d'images de la Seconde Guerre mondiale pour remarquer qu'on ne s'est pas battu dans le Golfe en 1991 comme en Normandie en 1944. En un demi-siècle, l'armement s'était considérablement perfectionné. Or, durant le demi-siècle qui sépare la naissance d'Arnoul de la bataille de Bouvines, un progrès semblable avait modifié les manières de combattre. A Constantinople, en Arménie, en Syrie, en Palestine, les croisés avaient découvert des procédés d'attaque et de défense beaucoup plus performants que les leurs et les princes d'Europe s'étaient empressés de les adopter.

L'armure des chevaliers s'était encore renforcée. En 1214, on commençait à barder de fer la poitrine et le flanc des destriers, car c'est de ce côté que le guerrier était le plus vulnérable. Son cheval tué, lui-même jeté à terre, empêtré dans sa cuirasse de plus en plus rigide, il restait de longs moments livré au bon plaisir des assaillants. Le jour où Guillaume le Maréchal s'était trouvé face à face avec Richard Cœur de Lion, le fils et alors l'ennemi de son seigneur le roi Henri, il avait abattu d'un coup de lance la monture du prince héritier, le tenant ainsi à sa merci. Ce que Richard ne lui pardonna jamais.

Toutefois, le perfectionnement des moyens de défense porta surtout sur les fortifications. Le château se démoda plus vite de l'armure. Les tours de bois avaient un grave défaut : elles brûlaient. Dans les pays que les chevaliers traversaient pendant leur pèlerinage à Jérusalem, elles étaient toutes en pierre. A la fin du XIIe siècle, les seigneurs de la France du Nord qui n'étaient pas trop pauvres reconstruisirent en pierre leur donjon, et même, ce qui était la grande nouveauté, l'enceinte de la cour. Les fossés ni les palissades ne suffisaient plus, il fallait bâtir des murs. Et pour que la garnison puisse mieux résister aux attaques, on réduisit la superficie du château. Comme le heaume, il devint plus compact. On reprit aussi les dispositifs plus favorables à la défense dont les forteresses de Terre sainte montraient l'exemple. Les tours nouvelles ne furent plus carrées, mais rondes. Ainsi celles que Philippe Auguste fit élever à partir de 1190 au Louvre,

D'imposantes fortifications ceinturent les villes. Certaines sont restées presque intactes, comme à Provins (à droite). A Paris, rue des Fossés-Saint-Jacques, on peut voir les restes de l'enceinte édifiée par Philippe Auguste (à gauche).

en avant des murailles de Paris, et dans tous les points stratégiques du domaine royal. Baudoin, le père d'Arnoul, l'imita. Devant la montée des périls, il construisit en pierre, à grands frais, des remparts et des portes autour de son château de Guînes et de trois autres mottes qui protégeaient le comté. Son fils, de son côté, faisait enclore le bourg d'Ardres.

Entre les manières de se défendre et celles d'attaquer, il existe une sorte de concurrence. Dès que les premières s'améliorent, on voit les autres s'aménager afin de les surpasser. Les

Une arme nouvelle, l'arbalète, contribue à changer le visage de la guerre. Elle peut lancer des flèches courtes et lourdes, les carreaux, avec une grande puissance et transpercer les cuirasses.

chefs de guerre pressèrent les artisans, forgerons et charpentiers, qui fabriquaient les armes offensives, d'en accroître la puissance. Le progrès se marqua par la mise en œuvre, pour le lancement des projectiles, de deux procédés mécaniques permettant de développer considérablement la force de l'homme : le système du balancier à contrepoids et le système du ressort. On les employait déjà au temps des Romains. Au service des princes les plus puissants, les « ingénieurs » (le mot date de cette époque, il désigne les constructeurs d'« engins » de guerre) les perfectionnèrent. Ils adaptèrent la technique du treuil, dont on se servait à cette époque pour élever toujours plus haut les voûtes des cathédrales et les murs des donjons, aux armes de jet, et d'abord aux grosses machines utilisées pendant les sièges pour abattre les murailles.

Ces machines étaient de deux sortes. Dans les premières, appelées trébuchets ou mangonneaux, le treuil aidait à hisser très haut un contrepoids très lourd ; brusquement relâché, celui-ci communiquait au balancier assez de vigueur pour lancer beaucoup plus loin un projectile beaucoup plus lourd. Dans les autres machines, les balistes, on parvenait au même résultat en accentuant, grâce au treuil, la tension du ressort. Mangonneaux et balistes massifs et de transport malaisé étaient généralement bâtis sur place devant les remparts que l'on voulait briser. Ces instruments étaient aussi d'une grande lenteur. C'est tout juste si dans une journée ils pouvaient projeter cinq ou six pierres. Mais celles-ci, très pesantes, ébranlaient les fortifications les plus épaisses et pouvaient, d'un seul coup, écraser un vieux donjon de bois.

Quant aux cuirasses, elles ne résistaient pas mieux face à une autre arme nouvelle, l'arbalète. L'arbalète est une baliste en réduction. Très lente, elle aussi, beaucoup plus que l'arc, elle permet de mieux viser et surtout de tirer un « carreau » nettement plus lourd donc d'une plus grande force de pénétration que la flèche. Capable de perforer le haubert le plus

Les fortifications de bois sont trop fragiles pour résister aux machines de guerre, trébuchets, catapultes ou balistes. On construit des murailles et des donjons de pierre, comme la tour de Montlhéry.

serré, l'écu le plus solide, l'arbalète apparut comme une arme démoniaque, et les chevaliers jugèrent son emploi scandaleux, immoral, comme l'est pour nous, aujourd'hui, celui de la bombe atomique. Les dirigeants de l'Église chrétienne répétèrent tout au long du XIIe siècle que c'était péché de s'en servir.

De fait, les chevaliers s'interdirent de l'utiliser eux-mêmes. Ils jugeaient contraire à leur honneur de tuer de cette façon, de loin, sans risque, un autre chevalier. Cette arme ignoble resta une arme de gueux. Mais, de plus en plus nombreux, des gueux, payés par les princes, l'employaient pour tuer les chevaliers. Telle fut l'autre innovation du XIIe siècle, qui vint modifier complètement l'allure de la guerre : l'apparition, dans le champ des activités militaires, de guerriers d'un nouveau genre, les mercenaires, les « routiers ».

CHÂTEAU-GAILLARD : UN CAMP FORTIFIÉ

Richard Cœur de Lion avait fait bâtir en 1196 dans la vallée de la Seine, au-dessus des Andelys, à la frontière de la Normandie, une forteresse formidable qu'on appela pour cela Château-Gaillard. Sur un escarpement que les paysans des environs avaient rendu à coups de pioche plus abrupt s'élevait un gros donjon entouré d'une triple enceinte de très épais murs de pierre. En contrebas, au niveau du fleuve, des fortifications avancées protégeaient la forteresse. Celle-ci, imprenable, verrouillait la vallée, protégeant Rouen, capitale du duché de Normandie, contre les offensives du roi de France.

En septembre 1203, Philippe Auguste, décidé à s'emparer des possessions de Jean sans Terre, successeur de Richard, mit le siège devant le château. Ses soldats s'emparèrent facilement des premières défenses. Sur la colline, face à Château-Gaillard, il fit construire un camp fortifié pour bloquer l'accès du château. En effet, il n'espérait pas le prendre d'assaut, il comptait forcer les défenseurs à se rendre en les affamant. Pour tenir bon, les chevaliers normands expulsèrent toutes les bouches inutiles, cinq cents personnes, disent les documents, qui errèrent longtemps, en plein hiver, dans les fossés, entre les deux armées. En février, lassé d'attendre, le roi de France attaqua. Il fit combler le fossé, approcher les balistes, édifier des tours de bois, miner les fondations du premier rempart. Un pan de celui-ci s'effondra, mais la brèche ne perçait que la première enceinte. Les Français piétinèrent longtemps devant la seconde. Enfin, l'un des mercenaires réussit à se glisser par le trou des latrines dans l'une des tours et, ouvrant la porte, fit pénétrer ses compagnons. Les assiégés reculèrent dans la troisième enceinte qui fut finalement enlevée le 6 mars, après huit mois de siège.

Les routiers

On les appelait ainsi parce que, sous la conduite d'un capitaine, ils formaient une « route », une troupe étroitement unie qui se louait pour une saison. Car ces professionnels travaillaient pour de l'argent. Recrutés parmi les marginaux, dans les régions pauvres, ils allaient à pied, comme les paysans et les bourgeois. Équipés comme ceux-ci de ces armes que les chevaliers dédaignaient d'employer, de piques, de haches et, bien sûr, d'arbalètes, ils se montraient au combat plus efficaces encore que les escadrons de cavaliers armés de la lance. La chevalerie trouvait devant elle un adversaire capable de la vaincre et qui, ne respectant pas ses usages, ne combattant pas loyalement, représentait un réel danger.

Dans la bataille, les routiers se groupaient en un bloc, hérissé de hallebardes, que les charges de chevaliers ne parvenaient pas à disloquer. Ils avançaient ainsi comme une muraille vivante d'où jaillissaient les très redoutables carreaux d'arbalètes. A moins que, se faufilant en ordre dispersé au milieu des chevaliers, ils n'aillent jouer de leurs armes courtes, de couteaux, de dagues, trancher le jarret des destriers ou les attaquer au ventre et les abattre. Ils s'occupaient alors du chevalier jeté à terre et, sans merci, glissant leur lame dans les jointures du haubert ou du heaume, l'égorgeaient pour le dépouiller ensuite.

Efficacité des mercenaires

Les mercenaires étaient aussi très utiles pour venir à bout des forteresses nouvelles. Ils savaient repérer les failles dans l'enveloppe de pierre, s'y introduire et prendre à revers les défenseurs. L'irruption des compagnies de routiers sembla en ces années, comme la diffusion de l'arbalète, l'œuvre du diable. Les évêques appelèrent à les détruire, à purger la terre de ces calamités que Dieu, irrité contre son peuple, laissait se répandre sur lui en punition de ses péchés. Philippe Auguste se vanta d'avoir dans les premiers temps de son règne exterminé l'une de ces bandes qui, sans

emploi, en chômage, faisaient la guerre pour leur compte, pillant, ravageant les campagnes du Berry.

Cependant, cette arme nouvelle offrait trop d'avantages. Elle décidait de la victoire. Ce fut un mercenaire qui, d'un trait d'arbalète, tua le 26 mai 1199 le roi d'Angleterre Richard Cœur de Lion, idole de la chevalerie et adversaire invincible du roi de France. Ce fut un mercenaire qui, en 1204, parvint à pénétrer dans Château Gaillard, forteresse imprenable à l'entrée de la Normandie, et donna ainsi à Philippe Auguste l'avantage sur le roi Jean sans Terre, frère et successeur de Richard Cœur de Lion. Les princes donc méprisèrent les avertissements des évêques. Comme jadis leurs pères, à la fin des tournois, se disputaient les meilleurs champions, ils se disputaient les meilleures équipes de mercenaires. Tandis que la chevalerie se voyait, au seuil du XIIIe siècle, dépouillée du monopole de l'action militaire décisive, les capitaines de routiers, un Cadoc, un Mercadier, devenaient des personnages considérables, indispensables, respectés, immensément riches.

Il n'a fallu qu'une année pour construire la redoutable forteresse de Château-Gaillard. En la voyant, Richard Cœur de Lion se serait écrié : « Qu'elle est belle, ma fille d'un an ! »

MORT DE RICHARD CŒUR DE LION

Le 26 mars 1199, Richard Cœur de Lion, roi d'Angleterre et, au nom de sa mère, duc d'Aquitaine, assiégeait le château de Châlus en Limousin pour châtier un vassal félon. Mercadier, capitaine d'une bande de mercenaires à son service, l'accompagnait. Un trait d'arbalète lancé depuis les remparts blessa le roi à l'épaule gauche. La blessure s'infecta. Les routiers prirent le château. Ils tuèrent tous les défenseurs sauf l'arbalétrier, qu'ils conduisirent auprès du mourant. Dans les chroniques anglaises qui racontent l'événement, on lit ce dialogue, probablement inventé : « Pourquoi m'as-tu tué ? — Tu as bien tué mon père et mes frères, je me suis vengé. » Le roi aurait ordonné de relâcher son meurtrier, mais, lorsque Richard eut rendu le dernier soupir, Mercadier fit écorcher vif l'arbalétrier avant de le pendre.

La chevalerie soumise

Les routiers se faisaient payer très cher. Seuls les grands seigneurs pouvaient les prendre à leur service. Les petits, les moyens, ceux qui commandaient dans un seul château ou, comme Arnoul, dans deux, ou même, comme son père Baudoin, car le comté de Guînes était une principauté modeste, peinaient à trouver l'argent pour renforcer suffisamment les défenses de leur forteresse, et, comme l'équipement convenable d'un cavalier devenait toujours plus coûteux, ils armaient de moins en moins de nouveaux chevaliers. La coutume les autorisait à lever un impôt spécial pour l'adoubement de leur fils aîné, mais ils réduisaient le nombre de garçons adoubés le même jour que leur héritier. Les fils de leurs vassaux demeuraient donc écuyers bien après la fin de leur apprentissage. Certains le restaient toute leur vie. Ainsi les effectifs de la cavalerie de choc diminuaient et les princes commençaient à s'en inquiéter. A ce moment se mit en marche l'évolution qui devait conduire la chevalerie, de siècle en siècle, à devenir une simple dignité, une décoration (ce que sont aujourd'hui les ordres de chevalerie), une confrérie, une sorte de club fermé dont les membres cultivaient entre eux un idéal, une manière de se conduire selon des règles, celles de l'honneur, de la loyauté, de la courtoisie. Et c'est à cela que nous pensons aujourd'hui lorsque nous disons d'un homme ou d'une action qu'ils sont chevaleresques.

L'emprise de l'État

La chevalerie d'autre part, toujours à court d'argent, perdait son indépendance. Elle devait s'incliner devant la puissance des très grands seigneurs, le roi de France, le duc de Normandie, le comte de Champagne, le comte de Flandre. Ceux-ci, maîtres des grands chemins, des grosses foires, des cités commerçantes où s'accumulait la monnaie, en récoltaient beaucoup, assez en tout cas pour réprimer la turbulence des chevaliers. Grâce à l'argent, ils y parvinrent de deux façons. D'abord, en se donnant les moyens militaires de briser, à l'aide de trébuchets, de balistes ou de bandes de routiers, toute tentative de résistance armée. Ensuite, en s'attachant les nobles par leur largesse. Les poètes qui écrivaient pour eux exaltaient la générosité comme l'une des principales vertus des chevaliers. Se présentant eux-mêmes comme de parfaits chevaliers, ces seigneurs distribuaient sans compter les beaux atours, les chevaux de race, et surtout les deniers, ces toutes petites pièces d'argent très minces mais qui avaient grande valeur parce qu'elles étaient rares et dont on manquait constamment dans les châteaux. Pour en recevoir leur part, tous les chevaliers du pays se pressaient en leur cour, veillaient à ne pas leur déplaire et se rangeaient sous leur bannière quand ils convoquaient pour la guerre leurs vassaux et les vassaux de leurs vassaux. C'est ainsi que se renforçaient de grands États qui, dans leur expansion progressive, entraient inévitablement en guerre contre des États rivaux.

Au début du XIIIe siècle, la guerre demeurait donc permanente. Chaque printemps, la saison des combats revenait, Arnoul revêtait son haubert, enfourchait son destrier et fonçait contre l'ennemi comme l'avait fait son grand-père. Son grand-père toutefois, quarante ans plus tôt, décidait seul, avec les chevaliers de son château, d'aller ravager les terres du comte de Guînes, ou bien du châtelain de Bourbourg, ou bien de l'un de ses propres vassaux révoltés. Arnoul, lui, n'était pas libre de ses mouvements. On le voyait bien encore quelquefois chevauchant contre l'un de ses voisins qui l'avait défié. Cependant, les guerres privées de château à château devenaient moins fréquentes. Bon gré mal gré, les petits et les moyens seigneurs soumettaient à l'arbitrage des plus grands les conflits qui les divisaient. Lorsque Arnoul se battait, c'était la plupart du temps pour d'autres intérêts que les siens. Il était pris malgré lui dans les querelles du comte de Flandre à qui son père et lui avaient fait hommage et qu'il devait servir.

Arnoul répondait d'ailleurs volontiers à ces convocations et ses propres vassaux, chevaliers ou écuyers, l'accompagnaient aussi de bon cœur. Car, dans l'armée du comte, ils avaient l'occasion non seulement de prendre du plaisir, mais, comme au tournoi, de faire des prisonniers, donc de gagner l'argent des rançons. Eux n'avaient rien à perdre : s'ils étaient pris, ils ne se rachetaient pas eux-mêmes, c'était le comte qui payait. Ils gagnaient aussi parce que les opérations militaires tendaient à se prolonger : les nouveaux remparts tenaient bon devant les nouvelles machines de guerre et le siège d'un château ou d'un bourg fortifié pouvait durer des mois. Pendant quarante jours le vassal combattait gratuitement pour son seigneur, c'était le service de son fief. Mais passé ce temps, il avait le droit de rentrer chez lui. S'il voulait le retenir, son seigneur devait lui verse une solde. De cette manière les chevaliers devenaient des « soldats ». Ils prenaient l'habitude, sans s'en rendre compte, de se battre pour de l'argent comme les routiers.

On voit ici deux deniers, pièces d'argent, frappées par Philippe Auguste. Le denier tournois (page 110), frappé près de Tours, est répandu dans l'ouest de la France; le denier parisis (page 111) est frappé à Paris.

Les soldes

En 1198, le comte de Flandre, en lutte contre le roi de France, assiégeait la petite ville de Saint-Omer. Arnoul était là, campant sous la tente avec les chevaliers du château d'Ardres et du château de Bourbourg. Il faisait merveille. Sous ses ordres, des charpentiers avaient construit une tour de bois plus haute que les remparts et, bien que la place fût défendue par l'un de ses cousins qu'il aimait beaucoup, le châtelain Guillaume, Arnoul avec les siens montait tous les jours cribler de projectiles les chemins de ronde de la bourgade. Les défenseurs pourtant résistaient et ne se rendaient pas. L'hiver vint, le mauvais temps. Le siège fut levé. Arnoul reçut sa récompense. Richard Cœur de Lion, l'allié du comte dans la guerre contre Philippe Auguste, avait envoyé d'Angleterre en Flandre des tonneaux pleins de deniers. Arnoul en reçut de grosses poignées et, trois ans plus tard, son seigneur qui partait en croisade lui versa ce qu'il lui devait encore, cent livres, c'est-à-dire l'équivalent de vingt-quatre mille deniers. Arnoul, bon chevalier, n'aimait pas l'argent : il aimait la guerre et la faisait de son mieux. Elle lui rapportait, mais elle lui coûtait aussi. Que fit-il de ces cent livres? Il se libéra de quelques-unes de ses dettes. Il était en effet couvert de dettes. Pour s'armer et entretenir auprès de lui sa propre équipe de combattants, il avait dû emprunter à droite et à gauche aux bourgeois qu'il méprisait.

LA MORT DU PÈRE

Parfois la guerre tournait mal. En 1203, Baudoin, le père d'Arnoul, fut capturé par l'armée de Philippe Auguste. Ne pouvant réunir l'argent de sa rançon, il dut changer de camp, quitter celui du comte de Flandre et faire hommage au roi de France. Baudoin était très âgé. Sa mésaventure l'affecta. Deux ans plus tard, à l'automne, il tomba malade. Il régla alors sa succession.

Les funérailles

C'etait très simple. Sur ce point, la coutume était claire: le fils aîné recueillait tour l'héritage, et Baudoin avait pu caser assez bien ses autres enfants pour qu'ils ne se battent pas contre Arnoul afin d'en obtenir une part. Les filles, mariées, n'avaient rien à réclamer. Des cinq garçons, l'un, prêtre, vivait confortablement des revenus de sa fonction; deux autres avaient trouvé eux-mêmes une épouse et s'étaient installés chez leur femme; le second fils, Manassé, celui que le comte aimait le mieux après Arnoul, avait lui aussi sa propre maison, un petit château que son père avait fait construire sur des terres qu'il avait achetées.

Je te fais remarquer deux choses. D'abord, que tous les garçons de Baudoin, sauf l'ecclésiastique, étaient mariés. C'était une nouveauté. Elle venait modifier l'allure de la chevalerie. Au début du XIIIe siècle, on voyait beaucoup moins de ces chevaliers célibataires, sans attache, errants, turbulents, qui etaient si nombreux vingt ans plus tôt. Pourquoi? Parce que l'argent (toujours l'argent) tenait beaucoup plus de place dans la vie. Les pères s'en servaient pour aider leurs fils cadets à fonder un ménage sans toucher à la terre des ancêtres, tout entière réservée à l'aîné. Remarque aussi cette autre innovation: les deux garçons que Baudoin avait établis lui-même, Arnoul et Manassé, étaient devenus ses vassaux. Ils avaient mis leurs mains entre les siennes et lui avaient juré fidelité pour ce qu'ils avaient reçu de lui, ce qui les obligeait à ne pas le trahir. Le système féodal, maintenant bien rodé, était ainsi utilisé pour renforcer la puissance, non seulement des chefs d'État sur les seigneurs des châteaux, mais des pères sur leurs fils, pour éviter ainsi des brouilles dans la famille.

Les derniers jours de sa vie, Baudoin donna tout ce qu'il y avait dans la

Le seigneur est mort. On a placé entre ses mains sa fidèle compagne, sa longue épée dont il étreint la poignée en forme de croix. Sa famille et ses vassaux viennent prier pour le repos de son âme.

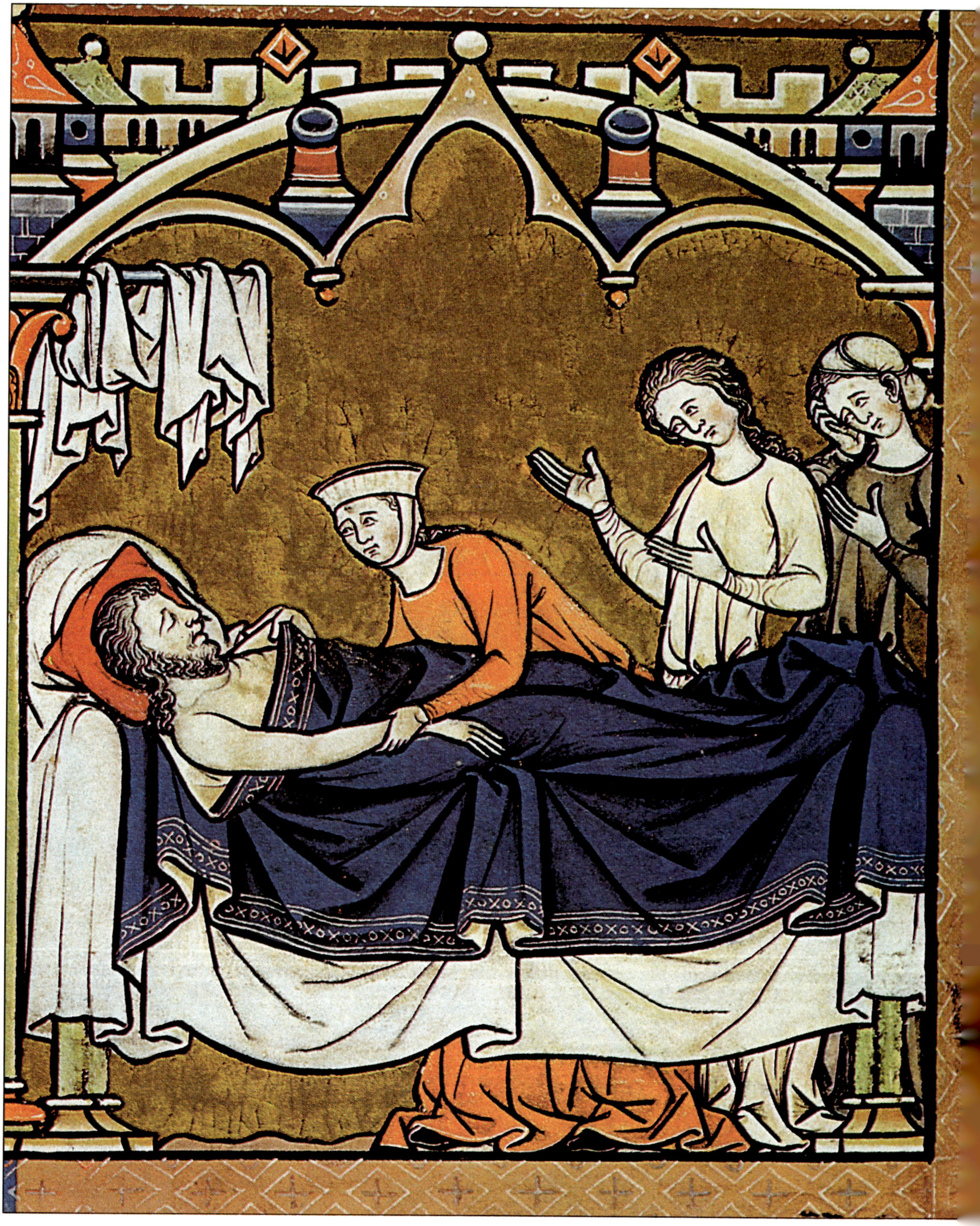

chambre, dans la garde-robe, dans les écuries du château de Guînes, distribuant entre ceux qui l'avaient bien servi ses armes, ses chevaux, ses vêtements d'apparat, ses bijoux, toutes les pièces d'argent renfermées dans ses coffres. Des moines et des prêtres étaient accourus en grand nombre dès qu'ils l'avaient su malade. Ils reçurent eux aussi leur part afin qu'ils prient pour le salut de l'âme du mourant. Le 2 janvier 1206, le comte rendit le dernier soupir, entouré de toute sa maisonnée. Arnoul était en voyage. Son épouse, la châtelaine de Bourbourg, organisa les funérailles. L'abbé du monastère d'Andres vint avec ses moines prendre possession du corps du défunt pour le conduire en procession vers l'abbaye rejoindre là ses ancêtres. Les portes de l'église restèrent ouvertes jusqu'au milieu de la nuit. Les chevaliers du comté, leurs dames et les notables du bourg réunis à côté du cercueil mangèrent et burent une dernière fois en compagnie du patron qui les avait nourris si longtemps et si généreusement. Puis le corps fut enseveli devant le maître-autel. Dans la cour, une foule de pauvres venus de toute la région dévoraient le pain et la viande : le comte, en dernière aumône, avait ordonné de vider pour eux les celliers et les basse-cours de toutes ses demeures.

Les femmes pleurent le chevalier qui sent sa dernière heure proche. Il recommande son âme à Dieu et s'éteint paisiblement, entouré des siens.

La succession

Lorsque Arnoul arriva, à bride abattue, tout était terminé. Son premier geste fut de faire inscrire solennellement, en présence de toute la noblesse, le nom de son père à la date du 2 janvier sur le gros registre de parchemin que l'on employait dans l'abbaye d'Andres pour régler les cérémonies religieuses. Tous les ans, ce jour-là, les moines chanteraient l'office pour lui. Arnoul paya ce service. Comme il ne restait plus d'argent dans la maison, il l'acheta en supprimant des taxes que percevait son père sur certaines terres du monastère. Puis il prit place à son tour dans la lignée des comtes de Guînes et vint s'installer à la place de son père dans leur château. On lui remit leur sceau. Il fit peindre sur son écu leurs armoiries, une croix bleue sur fond d'or. De tels signes, maintenant fixés, étaient comme des noms de famille ; ils étaient devenus indispensables pour identifier les chevaliers dans le tournoi et dans la guerre depuis qu'on ne distinguait plus leur visage, enfermé dans le heaume. Son frère Manassé, et tous les chevaliers, tous les écuyers, vinrent ressaisir des mains d'Arnoul les fiefs qu'ils avaient tenus de son père. Ils défilèrent dans la grand-salle et chacun d'eux lui prêta hommage. Arnoul de son côté se rendit auprès des différents seigneurs dont son père, pour tel ou tel droit, s'était reconnu le vassal. Comme le comte Baudoin l'avait fait trois ans plus tôt, il vint s'agenouiller devant le roi de France et lui jurer sa foi. De ses mains, le roi remit dans les siennes la baguette, image du fief que Baudoin, en mourant, avait laissé tomber et que l'héritier, son fils aîné, devait relever et servir.

Au plus fort de la bataille, la mêlée est épaisse. Les combattants s'affrontent à pied. Les haches et les épées s'abattent lourdement sur les boucliers : le fer sonne contre le fer. A ce vacarme s'ajoutent les cris de guerre et les plaintes des blessés.

BOUVINES

Dans la chambre du château d'Ardres, Béatrice, l'épouse d'Arnoul, avait déjà mis six enfants au monde. Un seul garçon pour le moment, nommé Baudoin comme son grand-père. On l'avait attendu longtemps. Il était là. Il avait huit ans. Trois autres fils encore

allaient naître, à Guînes. L'avenir de la dynastie était assuré.

Arnoul approchait de la cinquantaine. Aujourd'hui, à cet âge, un homme se sent encore jeune. Mais en ce temps-là, les chevaliers vieillissaient plus vite : ils buvaient trop, ils mangeait trop copieusement. Déjà un peu

rouillé, toujours prêt cependant à charger avec les autres, la lance au poing, au galop de son destrier, Arnoul devenu comte de Guînes, chevauchait maintenant sous la bannière aux fleurs de lys contre les ennemis du roi de France. L'un d'eux, Renaud de Dammartin, était aussi son ennemi personnel depuis qu'il avait enlevé en 1188 l'héritière du comté de Boulogne qu'Arnoul s'apprêtait à épouser. Au printemps de 1214, ce Renaud, avec le nouveau comte de Flandre, Ferrand, lança des chevaliers et des routiers sur le comté de Guînes pour le piller. Arnoul rejoignit alors l'armée de Philippe Auguste qui ravageait le pays flamand.

La bataille

Le 27 juillet, à midi, Arnoul se trouvait donc devant la plaine de Bouvines où les paysans moissonnaient. Toute la troupe déjeunait tranquillement à l'ombre. On savait que des chevaliers plus nombreux, commandés par Renaud, par Ferrand et par le roi d'Allemagne, l'empereur Otton, s'approchaient. Mais c'était un dimanche. Il était interdit de faire couler le sang ce jour-là, le jour du Seigneur. Brusquement le bruit courut que l'ennemi attaquait quand même et que Philippe Auguste acceptait le combat. Frère Guérin, un chevalier-moine de l'ordre des Hospitaliers, bon connaisseur des choses de la guerre, rassembla les cavaliers, les rangea sur une longue ligne de part et d'autre du point central : le fort conroi que formaient les compagnons du roi les plus fidèles groupés sur l'oriflamme. Arnoul, de la place qui lui était assignée, entendit dans le grand silence le discours de Philippe Auguste. Face à l'armée du diable, composée de félons, d'hérétiques et de mercenaires pourris par l'argent, le souverain, sûr de son droit, confiant dans la protection de saint Denis, patron du royaume, appelait ses chevaliers à le soutenir. Une bataille allait commencer, et c'était un événement exceptionnel : deux rois, celui de France et celui d'Allemagne, se soumettant, comme deux champions en champ clos, au jugement de Dieu. Lorsque Philippe se tut, tous les cavaliers, comme à l'entrée d'un tournoi superbe, éperonnèrent et s'élancèrent à corps perdu. Quelque temps après, au milieu du tumulte, Arnoul entendit sur sa gauche, venant du lieu où flottait l'oriflamme, de grands cris. Il apprit le soir que Philippe Auguste, agrippé par les routiers du camp adverse, jeté à bas de son cheval, avait failli être pris, ou tué. Il vit de ses yeux jaillir de la mêlée confuse quelques chevaliers ; il reconnut Guillaume des Barres s'élançant hors du groupe des vieux amis du roi de France, bousculant tout en direction du roi ennemi, le roi d'Allemagne, le rejoignant. Mais celui-ci s'échappa, s'enfuit et ce fut aussitôt dans son camp, dans le camp du comte de Flandre et de ses alliés, adversaires de Philippe Auguste, la débandade. Fatigué, Arnoul laissa les guerriers rassemblés sous sa bannière, les chevaliers de Guînes, d'Ardres et de Bourbourg, poursuivre les fuyards, tenter d'en capturer quelques-uns. De loin, il aperçut Renaud de Dammartin qui résistait seul, s'abritant de temps en temps derrière le rempart que constituaient ses mercenaires pour reprendre haleine, mais repartant sans cesse à l'attaque. Malgré lui, il admirait ce chevalier magnifique, son pire ennemi. Il se réjouit toutefois de le voir finalement capturé. Il applaudit au massacre des mercenaires. Le soir tombait. Les combattants exténués buvaient de grands coups. Sur le terrain gisaient les morts. Tous ou presque étaient des roturiers. Du côté du roi de France, trois chevaliers seulement avaient perdu la vie, et par accident.

Arnoul aperçut parmi les trois cents chevaliers prisonniers Renaud et Ferrand enchaînés, traînés vers Paris sur un tombereau. La victoire, éclatante, le remplissait de joie. Il reçut son lot du butin, qu'il partagea avec ses compagnons d'armes. Mais cette victoire donnait plus de puissance encore à son seigneur. Sous l'autorité du roi de France, le comté de Guînes désormais ne pesait plus rien. Trois quarts de siècle plus tard, Baudoin, petit-fils d'Arnoul, finit par le vendre à Philippe le Bel, petit-fils de Saint Louis, lui-même petit-fils de Philippe Auguste.

Cette représentation de la bataille de Bouvines date du XVe siècle. Philippe Auguste et les autres guerriers sont armés et vêtus comme on l'était à cette époque. Cet anachronisme ne gênait pas au Moyen Age.

La piété

Arnoul vécut encore six ans. Il se faisait lire le soir les livres que son père avait rassemblés dans sa chambre. Il songeait à son salut. Pour expier ses péchés, peut-être, comme beaucoup de chevaliers du nord de la France, alla-t-il en dernier pèlerinage à Notre-Dame de Chartres, prier dans la cathédrale toute neuve devant la tunique de la Vierge. Cependant, en 1220, les chevaliers commençaient à comprendre que pour gagner le paradis de simples gestes, comme le pèlerinage, ne suffisaient pas, ni les prières des autres, qu'il fallait s'efforcer de vivre selon les préceptes de l'Évangile. Les prêtres de sa maison invitaient Arnoul à communier au moins une fois chaque année à Pâques, à se confesser auparavant, à examiner sa conscience, donc à reconnaître en quoi il s'était écarté de l'enseignement de Jésus. Peut-être le comte de Guînes avait-il entendu parler, par un voyageur revenant d'Italie, de cet homme étrange, François d'Assise, qui, d'abord enthousiasmé par l'idéal chevaleresque, s'était dépouillé de tout, mis nu devant son père, trop riche, et, vêtu d'un simple sac, suivi par quelques compagnons, s'en était allé vivre comme le Christ avec les plus pauvres et les lépreux. Pour les lépreux et les lépreuses, déjà les ancêtres d'Arnoul avaient fondé des asiles soixante-dix ans plus tôt, et, en 1167, son grand-père paternel avait demandé d'être enterré non pas dans l'abbaye d'Andres mais dans la chapelle d'un hôpital construit pour les pèlerins malades et pour les misérables. Peut-être Arnoul était-il lui aussi touché par ces formes nouvelles de la piété. Je peux le suppo-

(suite page 122)

Le m.xx.e Coment le noble Roy phe dieu
done enhorta ses barons de bien combatre.

Quant la bataille fut commancee le
Roy admonnesta ses barons & ses

et au plus deuotement quilz poet. Et
puis ramenteuoient a dieu en oroison
lonneur et la franchise dont ste egle se sio
yst ou pouoir du Roy phe. Et dautrepart

(suite de la page 119)

ser. Mais je ne peux pas l'affirmer : je t'ai prévenu, nous ne pouvons pas tout savoir de la vie des chevaliers.

En tout cas, je suis sûr d'une chose. En 1220 les valeurs du christianisme, et d'un christianisme rénové, d'une religion de charité et d'amour, imprégnaient maintenant très profondément la chevalerie. Il y avait trente ans déjà que Philippe, le comte de Flandre, avait commandé au plus grand romancier de ce temps, Chrétien de Troyes, un récit dont le héros, Perceval, chevalier errant, ne partait pas

à l'aventure pour l'amour d'une dame comme Lancelot, mais à la quête d'un objet mystérieux, le Saint-Graal, où les dernières gouttes de sang du Christ sur la croix avaient été recueillies. Perceval, au cours de son errance, témoignait de sa vaillance croissante moins par des prouesses guerrières que par le renon-

L'anachronisme ne gênait pas non plus à l'époque romantique. Représentant en 1827 les chevaliers de Philippe Auguste lui jurant fidélité avant la bataille de Bouvines, le peintre Horace Vernet les montre comme se les imaginaient les poètes.

cement et la pureté de son cœur. En 1220, tandis qu'Arnoul s'approchait de la mort, le bon chevalier n'était plus loué seulement pour son courage, pour la force de ses bras, pour son habileté dans la joute, pour sa loyauté envers son seigneur et ses camarades de combat, ou sa courtoisie à l'égard des dames. On attendait de lui avant tout qu'il soit loyal envers Jésus-Christ, le Seigneur qu'il devait en premier lieu servir, qu'il offre sa vie pour la paix et pour la justice, et qu'il joue de l'épée pour aider les plus faibles. Dans la chevalerie, se réalisait l'équilibre entre la prouesse, la sagesse et le dévouement aux opprimés. Cet idéal de perfection virile, Louis de France, le futur Saint Louis, à cette date âgé de six ans, allait bientôt l'incarner sur le trône de France, guidé à la fois par le souvenir de son grand-père Philippe Auguste et par les sermons des disciples de saint François.

Une paysanne s'est agenouillée au passage de Philippe Auguste qui, après Bouvines, revient à Paris. Il ramène prisonnier Ferrand, comte de Flandre. « Ferrand, te voilà ferré! » crie le peuple en ricanant.

TABLE

Table des illustrations

Archives photographiques : 44.

Jérôme da Cunha : 61 (Musée du Mans), 107, 109.

Dagli-Orti : 10, 16, 51 (Bibl. Escorial), 24b (Bibl. Marciana, Venise),
25h (Bayeux), 25b, 27, 94/95 (Bibl. de Laon), 33, 49 (Cressac), 70 (Vérone),
81 (Aix-la-Chapelle), 82 (musée de Modène),
88/89 (Saint-Jacques de Compostelle), 90/91, 101, 102 (Abbaye de Montecassino), 105.
Einaudi : 32.

Explorer : 43, 52, 58/59, 83.

Giraudon : 12, 13g, 30, 31, 87 (Londres, British Library),
19 (Musée de Florence), 21, 86/87 (Escurial, Bibl. Royale),
22 (Bibl. de Dijon), 28h (Bibl. de la Sorbonne),
36, 78, (Archives Nationales), 44/45 (Bayeux), 57 (Cathédrale de Reims),
72/73 (Musée des Augustins, Toulouse),
76 (Bibl. de Cambrai), 104, 122/123 (Versailles).
Bridgeman/Giraudon : 16/17 (Londres, British Library),
24h (Trinity College, Cambridge), 100 (Glasgow University Library).

Hachette : 118, 120/121.

Daniel Jalmain : 8.

Kipa/J. Morell : 8/9.

Monnaie de Paris : 103, 110, 111.

Perrin : 37, 40, 46, 47, 48, 53, 62, 77, 106/107 (Beldeian Library),
64 (B.N.), 74/75, 80, 85, 90h, 96 (B.N. Ms),
79 (Archives Nationales), 84 (British Museum),
98, 99 (trésor Cathédrale de Vannes), 98/99 (Beldeian Library), 114, 124/125, 126.

Jean Roubier : 28b.